"雷锋精神职业化研究"系列丛书

丛书主编 张红专

高职雷锋式职业人培育模式的理论与实践研究

罗慧玲 等著

湖南师范大学出版社

图书在版编目（CIP）数据

高职雷锋式职业人培育模式的理论与实践研究 / 罗慧玲等著 . —长沙：湖南师范大学出版社，2016. 8

ISBN 978 - 7 - 5648 - 2619 - 2

Ⅰ. ①高… Ⅱ. ①罗… Ⅲ. ①高等职业教育—人才培养—培养模式—研究 Ⅳ. ①G718. 5

中国版本图书馆 CIP 数据核字（2016）第 207810 号

高职雷锋式职业人培育模式的理论与实践研究

罗慧玲 等 著

◇责任编辑：孙雪姣
◇责任校对：胡 凤
◇出版发行：湖南师范大学出版社
地址/长沙市岳麓山 邮编/410081
电话/0731. 88873071 88873070 传真/0731. 88872636
网址/http：//press. hunnu. edu. cn
◇经销：湖南省新华书店
◇印刷：湖南雅嘉彩色印刷有限公司
◇开本：710mm × 1000mm 1/16
◇印张：12
◇字数：216 千字
◇版次：2016 年 8 月第 1 版 2016 年 8 月第 1 次印刷
◇书号：ISBN 978 - 7 - 5648 - 2619 - 2
◇定价：29. 80 元

“雷锋精神职业化研究”系列丛书

编 委 会

依托课题（项目）

◎长沙市社科重大课题“雷锋精神职业化研究”（课题编号：2015CSZD03）

◎湖南省大学生思想政治教育示范建设项目“高职雷锋式职业人素质训练工程”（项目编号：14SF17）

◎湖南省社科基金一般项目“雷锋精神与现代职业精神的融合研究”（项目编号：14WTC28）

◎湖南省教育科学“十二五”规划课题“雷锋精神融入高职学生职业精神培育研究”（课题编号：XJK014BZY042）

◎湖南省教育科学“十二五”规划课题“大学生生命意义感现状与教育对策研究”（课题编号：XJK011BDY014）

目 录

绪 论

雷锋，一座永恒的道德丰碑，他超越时代、超越国界，为全世界人民所景仰、所推崇。雷锋精神感染和激励着一代代中国人，培育了千千万万的优秀中华儿女，成为全国人民共同遵循的精神象征和价值坐标。当前，经济社会发展的激烈竞争，归根到底是人才的竞争，而人才的核心竞争力关键是职业精神和职业品质。将雷锋精神和现代职业精神充分融合起来的雷锋职业精神，不仅彰显了雷锋精神的时代价值，也是引领各行业职业人职业道德建设的核心价值。习近平总书记说："雷锋精神是永恒的，是社会主义核心价值观的生动体现。"我国经济社会的健康发展需要成千上万具有优秀职业品质的职业人共同努力。用雷锋职业精神武装起来的雷锋式职业人，必将成为实现"两个百年"梦想的生力军，必将成为促进民族产业进步的主力军。

一、"雷锋式职业人"的产生背景

（一）当今社会呼唤"雷锋式职业人"

当前，经济社会快速发展，城市面貌日新月异。在道德领域，随着现代科技的迅猛发展，联系越来越方便，但心理距离却越来越远，传统的"远亲不如近邻"的邻里守望情景渐渐被"比邻而居素不相识"的现象取代，甚至还陷入了"老人跌倒扶不扶"的道德困境。经济领域上，坑害人民利益的"地沟油"、"三聚氰胺"和各种假冒伪劣产品层出不穷，公路积水、桥梁坍塌、房屋倒塌等豆腐渣工程现象屡见不鲜，职业道德饱受质疑，民族品牌信誉频频受损，民族产业前景令人担忧。个人生活领域上，一面是高楼迭起、小车遍地的都市繁华，物质生活极为丰富；一面是邻里情疏、互不信任的冷漠气息，见利忘义、损公肥私时有发生，浮躁之风、享乐主义有所滋长，人们精神生活日渐空虚。凡此种种，都在呼唤着社会主义核心价值的回归，呼唤着“雷锋精神”的回归。我们要用雷锋的报国情怀、奉献精神来匡正社会道德，营造良好风尚；用雷锋的敬业精神、创新精神来服务经济发展，打造民族品牌；用雷锋的创业精神和协作精神来丰富个体人生追求，营造和谐氛围。然而，长期以来学雷锋活动始终不能时代化、常态化，一个重要原因就是没有职业化，因此，我们一定要立足岗位学雷锋，在职业过程中学雷锋，只有这样才能真正提升全民素质。由此可见，时代呼唤“雷锋式职业人”，“雷锋式职业人”应时代需求而产生。

（二）现代企业需要“雷锋式职业人”

作为市场竞争的主体，现代企业需要打造什么样的员工队伍，才能在激烈的市场竞争中立于不败之地，是每个企业首要关切的问题。我们列出了当前世界500强企业要求员工必须具备的18条准则，要求被调查的企业人力资源部挑出排在前10位的重要品质，结果得票最高的是：忠于企业、诚实守信、敬业负责、积极主动、团队协作、注重细节、高效运作、完美执行、善于沟通、创新求变。我们发现这些优秀的职业品质无一不体现在雷锋身上，雷锋的核心品质与现代企业对员工的要求是高度契合的，一个企业如果有大批用雷锋职业精神武装起来的综合素质高、业务能力精、敬业精神强、团结协作好的员工队伍，必将大大提升企业产品质量和生产效率，满足现代企业自身发展的需要，促进企业始终走在行业前列。我们对长沙17家企业进行了调查，调查显示，认可并接受雷锋式员工的企业占97.22%，认为雷锋式员工将获得更大晋升空间的占94.44%，认为雷锋式员工将对企业做出更大贡献的占84.72%，90%以上的企业表示已将雷锋职业精神纳入企业文化，以培育德技双馨的优秀职业人。可见，企业需要“雷锋式职业人”。

（三）高职需要培养“雷锋式职业人”

当前，大学生就业仍存在着非常明显的结构性矛盾，一方面是大学生“就业难”，一方面是企业“用人荒”，出现了“工作找不到人，人找不到工作”的怪现象。调查发现这种结构性矛盾归根究底在于毕业生的职业素质难以满足用人单位的需求。随着科技进步和产业转型升级，现代企业所需要的人才已由“实践性、操作型”的技能型人才转变为更加注重职业精神、道德素养、可持续发展能力的高素质人才。可见，大学生要在就业创业中取得成功，实现可持续发展，优秀的职业素质是前提和关键。帮助学生提升职业素质，培养优秀的职业品质，是提升学生终身可持续发展核心竞争力的关键所在。“雷锋式职业人”正好契合学生的现实发展需要和企业对员工素质的需求，全方位树立职业标杆。另外，唯有“雷锋式教师”，才有希望培育出“雷锋式学生”，高职院校同样也需要培养大批的雷锋式教师。我们需要满腔热情献身教育的雷锋式教师来培育“懂感恩、知责任”的雷锋式学生；需要严谨治学、创新精技的雷锋式教师来培育“积极行动、爱岗敬业、开拓创新”的雷锋式学生；需要用春天般的温暖关爱学生、教书育人的雷锋式教师来培育“善沟通、愿奉献、懂协作”的雷锋式学生。2014 年 6 月，李克强总理在接见全国职业教育工作会议代表时指出“要把提高职业技能和培养职业精神高度融合”。只有高度重视职业精神的培育，通过素质训练加强优秀职业品质的内化，全面提升大学生的综合素质和就业创业能力，我们所关切的大学生“就业难”和企业“用人荒”的结构性矛盾才能真正得到解决，中国的民族产业才会实现内涵式发展。

二、“雷锋式职业人”的培育模式

（一）全员育人模式

全员育人模式是指将“雷锋式职业人”培养纳入学院人才培养方案，并贯穿教育教学的全过程，从全局和系统的原则出发，通过顶层设计和整体规划，明确“雷锋式职业人”培养的总体目标、具体措施和推进步骤，形成教书育人、管理育人、服务育人的“三全育人”工作格局。

一是教书育人。专任教师是育人的主力军，教书育人是指教师在传播科学文化知识，培养学生学习能力和创新能力的同时，有意识、有目的地对学生进行科学的世界观、人生观、价值观的教育，将德育渗透到教育教学的全过程，自觉引导学生德、智、体、美全面发展。教书育人主要通过课堂教学和实践教学活动来实现，育人的主体包括公共课教师和专业课教师。在教学过程中，教师要严格课堂管理，切实提高教学质量，要结合专业特点在公共课程和专业课程中渗透雷锋式职业人的职业品质要求，让学生无形中受到熏陶，自觉养成雷锋式职业人的职业素质。

二是管理育人。辅导员是管理育人的主要承担者，管理育人是指管理工作者在自己的本职工作中，热情服务，严格管理，同时自觉树立育人意识，按照学院德育工作的总目标，充分加强对学生班级、寝室的日常管理，引导学生积极创建“雷锋号”班级和“雷锋号”寝室，在日常行为中渗透社会主义核心价值观教育和职业品质教育，培养学生良好的道德素质习惯和职业行为习惯。

三是服务育人。后勤服务与保障、图书资料管理、校医务室等教辅单位的工作人员是服务育人的主要承担者。服务育人是指工作人员以良好的形象和出色的工作，为学生提供优质的服务，创造优良的学习生活环境，让学生在及时周到的后勤服务中感受勤勉踏实的敬业精神；让学生在贴心温暖的医疗卫生服务工作中感受热情友善的工作态度；让学生在高效有序的图书管理服务中感受耐心细致的工作作风，潜移默化地影响学生，引导他们健康成长和全面发展。

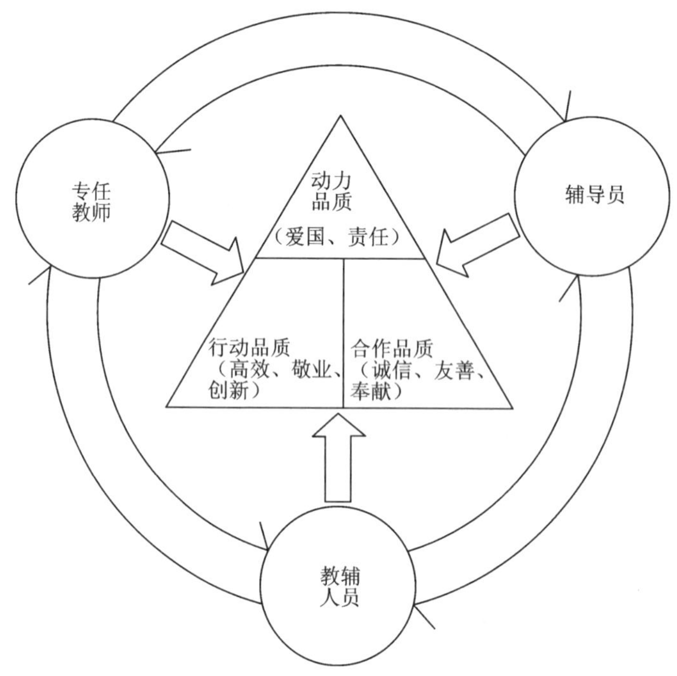

图1　雷锋式职业人全员育人模式

（二）素质训练模式

我们认为，雷锋式职业人是炼成的。培养雷锋式职业人应当采取“素质训练”方式，凸显“行为训练”特色，通过团体训练和实践活动，引导学生在行动、习得、体验、感悟中产生正确认知，锤炼意志品质，完成品质内化。以长沙职业技术学院为例，该校将《雷锋式职业人素质训练》公选课纳入各专业人才培养方案，选课学生每学期达 7 个班，素质训练 100% 进入主题班会，一年级辅导员全年主持素质训练不少于 10 次，确保覆盖全体学生，保证了“雷锋式职业人培育工程”的全覆盖、常态化。经过多年实践与探索，我们形成了“一个中心、三个平台、五支队伍、七条途径、八种素质”的立体化实践育人模式，即成立“雷锋式职业人素质训练中心”，利用“专业素养训练平台、课程教学训练平台、日常行为训练平台”三个平台，联合“辅导员、思政教师、专业教师、素质训练师、班级素质训练员”五支队伍，通过“系列专题训练（公共选修课、主题班会课、大学生社团）、课堂渗透训练（公共课，主要指思政课和心育课）、职业素养实训（实习实训课）、网络课程训练、日常管理训练、素质拓展训练、社会实践训练”等七条途径对“爱国、责任、高效、敬业、创新、诚信、友善、奉献”的八种雷锋式职业人职业品质开展训练。

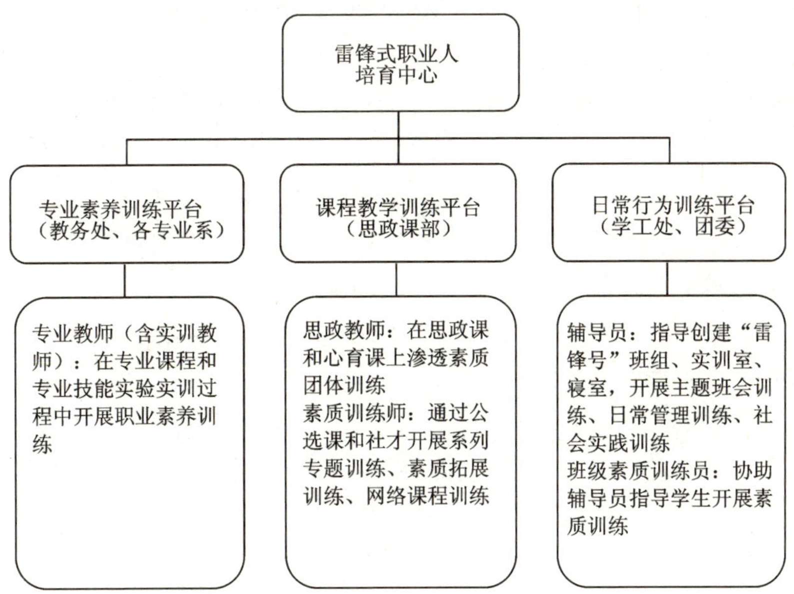

图 2 “一个中心、三个平台、五支队伍”的雷锋式职业人素质训练模式

（三）复制推广模式

长沙职业技术学院以湖南省大学生思想政治教育示范建设项目为平台，联合三所地处雷锋故乡的高职院校，即“高职雷锋式职业人素质训练工程”项目的“建设校”结成联盟，共育“雷锋式职业人”。长沙职业技术学院作为“示范校”充分发挥示范引领作用，通过“传、帮、带”的方式采用“1351”示范推广模式促进三所“建设校”进入建设状态，取得预期成果。“1351”模式，即“设计一个规划、分成三组实验、完成五步动作、形成一个结论”。

“一个规划”。“示范校”负责项目推广的整体规划，与各建设校签订了《合作共建协议书》，确立了项目的组织机构，包括专家指导团队、领导小组、项目组成员，确保了本项目的有序运行。同时完成了“三个统一”，即统一下达《建设任务书》、统一确定《建设方案》模版、示范校统一向建设校提供参考资料。所提供参考资料包括《雷锋式职业人学生培养方案》《雷锋式职业人素质训练方案》《雷锋式职业人素质训练课程标准》、校本教材《做雷锋式职业人行动手册》和《高职成功素质训练教程》。这样，四校就形成了一个统一的团队。

“三组实验”。在“示范校”统一规划部署下，三个“建设校”分组实验，结合本校实际可以通过不同渠道实现同一目标。“示范校”长沙职院走的是“思政课部与学工处统筹规划通力合作”的道路，思政部负责理论研究、课程设置、课程建设、教学设计、师资培训；学工处负责主题班会训练、日常管理训练、考核测评，评先评优，团委负责志愿服务活动。“建设校 1”走“思政课部牵头负责实施”的道路，主要依靠思政课教师和心育教师；“建设校 2”走“思政课部结合学工处共同实施”的道路，主要依靠思政部、学工处和团委；“建设校 3”走“学工处牵头负责实施”的道路，主要依靠辅导员队伍。

“五步动作”。根据合作协议，“建设校”必须完成“签订协议—制订方案—培训师资—实践交流—总结测评”五个规定动作，通过过程监管、评估激励促进“建设校”项目不断发展完善。项目主持人罗慧玲多次到“建设校”开展师资培训、专题讲座、交流研讨、测评反馈，对推动项目建设起到重要作用。

“一个结论”。以“学生覆盖率”、“教学满意度”、“素质提升效度”三个核心指标考核评价，两年来实践证明，虽四校均完成了既定任务，但效果仍然存在差距。我们的结论是：雷锋式职业人是炼成的，培育雷锋式职业人是一个系统工程，不仅需要“理论研究、观念传授”，更需要“文化熏陶、日常管理、行为训练、社会实践、多方联动”。学院只有成立强有力的领导机构，各部门齐抓共管打造育人大熔炉，雷锋式职业人才能真正炼成。我们认为，思政教师宣扬雷锋精神，帮助学生树立理想信念是前提；辅导员的主题班会训练、日常管理训练、社会实践与志愿服务，专业教师对学生的职业素养训练是素质教育落地的关键所在。因此，只有大力倡导“立足岗位学雷锋”、“在职业过程中学雷锋”、“在日常行为中学雷锋”，才能使学雷锋最终实现常态化，使素质教育真正落到实处。

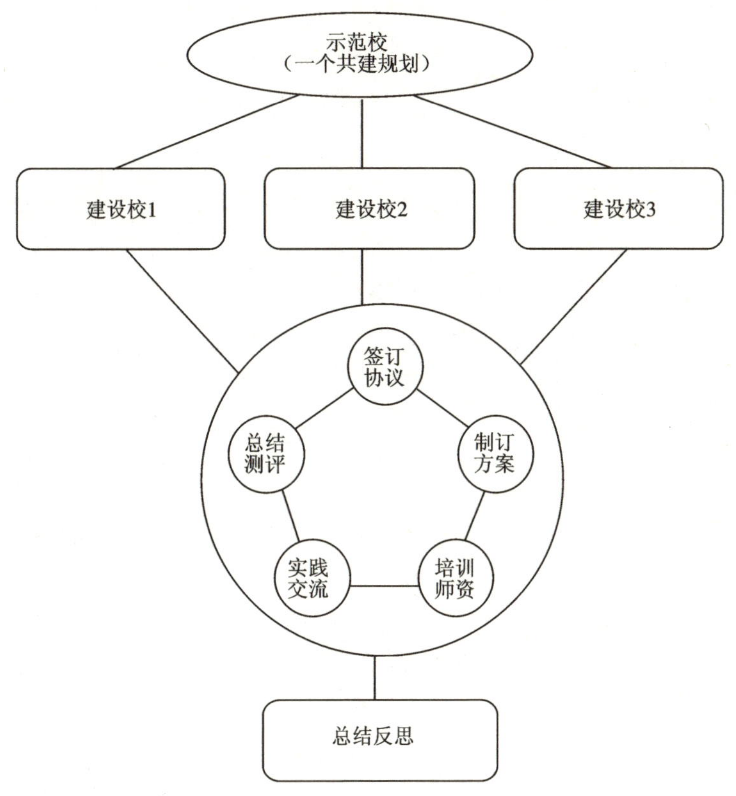

图3　雷锋式职业人“1+3”推广模式

（四）联盟育人模式

雷锋式职业人的培养是一个系统工程，应争取多方力量支持，形成立体化育人工作网络。政府、学校、企业、社区合作的育人模式是职业教育的重要形式，也是营造雷锋式职业人成长良好环境的育人方式。“雷锋式职业人”教育联盟是指将培养“雷锋式职业人”作为高职教育教学改革的重要内容，加强大学生专业技能和职业素养的培养，为社会培养合格职业人，为学院的可持续发展提供不竭的精神动力。充分发挥各校在培养“雷锋式职业人”工作中的地域优势、资源优势和品牌优势，加强校际交流，开展理论研究，广泛宣传，扩大社会影响，积极倡导成立“全国职业院校雷锋式职业人教育联盟”，使培养“雷锋式职业人”工程为更多的高职院校推广应用。

以长沙职业技术学院为例，当前，长沙职业技术学院与雷锋第二故乡的抚顺职院、辽阳职院签订了共建“雷锋式职业人培养基地”合作协议，同时依托省级思政示范建设项目与长沙商贸、长沙卫生、湖南商务职院等兄弟院校结成联盟，目前，正筹备成立“湖南省雷锋式职业人教育联盟”。同时，学院各系在校企联盟的指导下，提出了各专业学生职业核心能力和优势品质培养目标，已有 6 家企业与长沙职业技术学院签约共建“雷锋班”。此外，学院与社区共建了一批学雷锋志愿服务站，通过学雷锋志愿服务队、素质训练营、“三下乡”等活动，服务公众、提升自我。

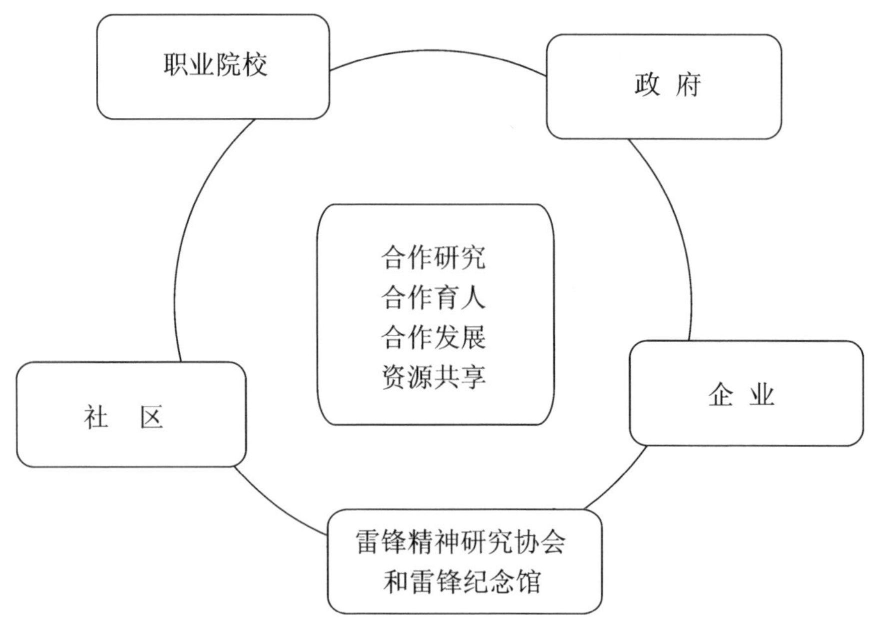

图 4 “雷锋式职业人教育联盟”多元主体合作育人模式

三、“雷锋式职业人”的培育意义

把“雷锋职业精神”作为引领职业院校校园文化建设的核心价值，推进“雷锋精神职业化”，开展以“素质训练”为特色的“高职雷锋式职业人”育人实践，是对传统德育在内容方式方法途径上的重大创新，它不仅在德育实效性上具有突破性意义，而且在操作层面上具有很强的推广价值。深入开展“雷锋式职业人”培育模式的理论与实践探索，有利于提升学生素质、提高师资水平、促进社会产业进步。

（一）提升学生素质

教育的首要任务是促进学生的成长。雷锋式职业人培育以学生为中心，建立起全方位、多平台、立体化的育人模式，有利于全面提升学生素质。在教育目标上，提出“雷锋职业人”教育理念，用雷锋职业精神武装学生，全方位提高就业创业和终身可持续发展能力；在教育内容上，将契合时代需求的雷锋职业精神基本内涵和核心品质提炼出来，帮助学生铸就优良的职业素质；在教育方式方法上，采用训练法，帮助学生在行为训练和情感体验中实现职业素质提升。

（二）提高师资水平

教育大计，教师为本。推动教育事业又好又快发展，培养高素质人才，关键在教师。没有高水平的教师队伍，就没有高质量的教育。“雷锋式职业人”培育并非是单向的，而是包含师生双方教学的一个互动过程。在打造雷锋职业精神的校园文化品牌时，必先展开雷锋式职业人师资培育，通过专题讲座与培训、教学研讨与竞赛、社会服务与实践等方式全方位打造一支师德高尚、业务精湛、结构合理、充满活力的高素质雷锋式教师队伍，促进师资水平的整体提升，为雷锋式学生的培育打下坚实的基础，促进教师与学生的共同进步。

（三）提升学校实力

学生是高职学院培育的最终产品，人才的培养质量直接决定着高职学院的社会声誉和品牌形成。在校学生综合素质高，技能强，学校的美誉度就高，毕业生综合素质好，最终就可持续发展，就业前景也会好，就业后成长快，对社会的贡献就大。2014 年长沙职业技术学院的毕业生一次性被上海大众录用 77 人，主要原因还是学生的综合素质高。雷锋式职业人教育联盟成员长沙商贸旅游职业技术学院取得 4 个国家级技能竞赛一等奖，2015 年被遴选为卓越院校。

（四）促进产业进步

教育是国家振兴、产业进步的基石，是提高国民素质、促进人的全面发展的根本途径，是中华民族最根本的事业。雷锋式职业人培育紧紧抓住这一根本事业，围绕高职院校人才培养这一核心任务，紧密结合时代发展要求、社会发展需求和企业现实需要，在理念、内容、方式方法途径上进行有益创新，能够有效推动教学质量和学生素质的提升，切实培育出千千万万雷锋式职业人，他们在各自职业岗位上施展技能、创造价值、凝聚力量，必将推动各行各业的繁荣发展，促进产业振兴，社会进步。

第一章　雷锋职业精神与“雷锋式职业人”

“雷锋式职业人”育人模式的实践适应了当前职业教育教学改革的基本要求和方向。但是，有关“雷锋式职业人”、雷锋职业精神等基本理论的核心概念和内涵并没有明确的界定和统一的标准，进而无法明确人才培养质量的基本标准和要求。因此，本章旨在从根本上厘清雷锋精神、雷锋职业精神、雷锋式职业人的基本概念内涵，明确雷锋精神职业化的必要性和现实意义，并通过对雷锋职业精神渊源的探寻，结合现代职业需求深刻把握雷锋职业精神的核心内涵与“雷锋式职业人”的核心品质，为“雷锋式职业人”育人实践的深入推进打下坚实的理论基础，形成常态化、长效化的职业精神培养机制，促进学生的就业创业和终身可持续发展。

一、基本概念与现实意义

随着时代变迁，很多英雄楷模渐渐被人们所遗忘，但雷锋和雷锋精神却始终驻留，并且被一代又一代国家领导人高度评价和重视。自毛泽东号召全国人民“向雷锋同志学习”以来，邓小平题词强调“向雷锋同志的品德和风格学习”①，江泽民题词“学习雷锋同志，弘扬雷锋精神”②，胡锦涛明确指出，“雷锋精神对于我们这个民族和社会过去具有、现在依然具有重大价值和时代意义”③。2014 年 3 月 11 日，习近平总书记出席第十二届全国人大二次会议解放军代表团全体会议时对某工兵团“雷锋连”指导员说：“雷锋精神是永恒的，是社会主义核心价值观的生动体现。你们要做雷锋精神的种子，把雷锋精神广播在祖国大地上。”④ 由此可见，无论是

---

① 陶克．告诉你一个真实的雷锋［M］．西安：陕西人民出版社，2013：231.

② 陶克．告诉你一个真实的雷锋［M］．西安：陕西人民出版社，2013：246.

③ 陶克．告诉你一个真实的雷锋［M］．西安：陕西人民出版社，2013：247.

④ 习近平．绝不牺牲核心利益［N］．新京报，2014－3－12.

在火热的建设年代还是改革开放的新时期，雷锋精神始终是时代强音。

（一）基本概念

传播时代强音，我们首先要明确界定有关概念，本书以雷锋精神为根本，提出了雷锋职业精神、雷锋式职业人的新概念，它们的内涵到底是什么，如何准确定义，这是解决后面一系列实践问题的根本前提。

1. 雷锋精神

2012 年 2 月 27 日，时任中宣部常务副部长雒树刚，将雷锋精神的时代内涵解析为五个方面的内容，即“热爱党，热爱祖国，热爱社会主义的崇高理想和坚定信念；服务人民，助人为乐的奉献精神；干一行爱一行、专一行精一行的敬业精神；锐意进取、自强不息的创新精神；艰苦奋斗、勤俭节约的创业精神”。①

综述雷锋精神的时代内涵解读，堪称最典型也被引用的最多的是周恩来对雷锋精神富有韵律的概括：“爱憎分明的阶级立场、言行一致的革命精神、公而忘私的共产主义风格、奋不顾身的无产阶级斗志。”周总理的概括可以看出是特定社会环境的产物，带有强烈的意识形态色彩。有文章从传播学的角度将雷锋精神的形象根据中国各个历史时期的主题划分为五个阶段，即“毛主席的好战士、被四人帮压制的先进人物、社会主义精神文明建设的先锋、忠于党忠于社会主义的模范、社会主义物质文明的建设者”。② 另有文章进一步指出了雷锋精神的内涵在不同历史时期的变化：“文革”前突出爱憎分明的无产阶级立场中的“爱”；“文革”时强调爱憎分明中的“憎”；改革转折期突出“无产阶级世界观”、无私奉献、不避艰苦、不怕困难和“螺丝钉”精神；改革初期强调“促进物质文明建设的干劲”和“钻研科学文化与业务知识的精神”以及“社会主义价值观”；深化改革期强调“岗位学雷锋”；近年来，“高尚道德”“核心价值观构成要件”和“民族精神”成为雷锋精神所突出的新内涵。③ 新时期，全方位学习雷锋精神并与各行各业岗位相结合成为新的价值追求。

---

① 雒树刚．重点五个方面理解把握雷锋精神［EB/OL］．［2012－2－27］．http：//www.wenming.cn/ft_ pd/zb/xwzb120127/zy/201202/t20120227_ 522322.shtml.

② 陈阳．青年典型人物的建构与嬗变——《人民日报》塑造的雷锋形象（1963—2003）［J］．国际新闻界，2008（3）：20.

③ 靳赫．党报学雷锋报道的嬗变（1963—2012）［D］．兰州大学，2012.

《辞海》对雷锋词条的释义几经修改，在2009年版《辞海》中新增了“雷锋精神”这一词条，对雷锋精神的定义是：“中国共产主义战士雷锋在工作和日常生活中表现出来的全心全意为人民服务的共产主义精神。是中国社会主义时代精神的集中体现。它的实质是：忠于共产主义事业，毫不利己专门利人，在平凡的工作岗位上当一颗永不生锈的螺丝钉，把有限的生命投入到无限的为人民服务中去。”从当前学界研究共识上看，对雷锋精神的界定存在广义和狭义之分。广义上的雷锋精神指以雷锋的名字命名，且以其高尚品格、理想信念和人生追求为基本内涵的一种精神形态，是在实践中不断丰富和发展着的民族精神和时代精神的统一，实质是全心全意为人民服务，为了人民的事业无私奉献。狭义上的雷锋精神专指雷锋本人行为中所贯彻的一种信念，一种高尚的情操，是他本人思想、信念、品德、行为的结晶和升华。我们将雷锋的理想和追求、立场和风尚、情感和言行、人生观和价值取向总结提炼为“雷锋精神”。随着时代的发展，雷锋精神被赋予了新的时代内涵，目前，我们主要以2012年2月中宣部对雷锋精神时代内涵解读的五个方面作为雷锋精神的主要内容。

2. 雷锋职业精神

“雷锋职业精神”是指雷锋在职业生活中所表现出来的职业道德与职业品质，主要包括理想信念、奉献精神、敬业精神、创业精神、创新精神。这是课题组根据2012年2月中宣部对雷锋精神时代内涵的解读，对其涉及有关职业精神的内容进行提炼所明确的。雷锋职业精神蕴含在雷锋精神之中。是雷锋精神的一部分，是雷锋精神在职业领域中集中体现出来的精神特质。我们提出“雷锋职业精神”的概念，旨在从雷锋精神之中提炼出职业精神来学习，使之更具时代性、针对性和现实性，从而实现在职业领域更有效的传播。

此外，从雷锋传播形象来看，更广为人知的是军人雷锋、战士雷锋的标签，而缺乏对公务员雷锋、工人雷锋、农民雷锋的鲜明印象，但这恰恰是雷锋人生履历中不可或缺的部分，我们学雷锋、做雷锋，就应该把握一个全面的、立体的、真实的雷锋。“职业人雷锋”这一标签，正涵盖了雷锋在不同阶段不同岗位上的全部奋斗历程，是我们学雷锋的又一生动切入点。雷锋职业精神更是我们结合当前经济社会发展需要，所应大力弘扬和推崇的雷锋精神内核。

根据中宣部对雷锋精神时代内涵的概括与雷锋职业生涯的突出行为特征，我们将雷锋职业精神的基本内容概括为六个主要方面：一是人民至上、忠诚爱国的报国情怀；二是恪尽职守、精益求精的敬业精神；三是大公无私、乐于助人的奉献精神；四是艰苦奋斗、勤俭节约的创业精神；五是刻苦钻研、开拓进取的创新精神；六是团结友善、集体为上的协作精神。

3. 雷锋式职业人

“雷锋式职业人”是在职业岗位上坚持用雷锋职业精神指导职业行为，始终践行雷锋的职业品质，信念坚定、爱岗敬业、敢于创新、勇于创业、乐于奉献的德技双馨式职业人。“雷锋式职业人”是结合雷锋职业精神特质和现代用人单位对员工的素质需求而提出来的概念。2013 年 3 月长沙职业技术学院依托地处雷锋故乡雷锋镇的得天独厚的资源优势，在全国职教界率先提出了“培养雷锋式职业人”的教育理念。“雷锋式职业人”以培育雷锋职业精神为核心内容，根据现代企业用人标准结合雷锋精神内核、社会主义核心价值观要求，提炼出“雷锋式职业人”的八种核心品质，分别是：爱国、责任、高效、敬业、创新、友善、诚信、奉献。在综合国力竞争日益加剧的今天，学校需要雷锋式教师和学生、企业需要雷锋式企业家和员工、政府需要雷锋式领导干部……各行各业都需要雷锋式职业人来创造业绩、打造品牌。时代呼唤雷锋式职业人，雷锋式职业人培养顺应时代要求而产生。

（二）现实意义

把雷锋精神职业化，提炼雷锋职业精神的基本内容和核心品质，是满足雷锋精神自我发展、彰显雷锋精神时代价值的内在需要，是促进雷锋精神落地生根、有效解决当前学雷锋存在的系列问题的现实需要，是推动时代发展社会和谐、全面开创中国特色社会主义事业新篇章的迫切需要。

1. 雷锋精神自我发展的需要

“学习雷锋好榜样，忠于革命忠于党……学习雷锋好榜样，毛泽东思想来武装，保卫祖国握紧枪，继续革命当闯将……”这首歌曲曾在二十世纪六十年代家喻户晓，传遍祖国的大江南北。它呼应了那个时代人们的理想信念追求，唱出了那一代人投身社会主义革命和建设的豪迈激情。而今天，我们所处的时代、所面临的形势和任务已截然不同，我们仍然学雷锋、做雷锋，但学的内容、做的方式必须与当前的时代精神相呼应，展现当代人的时代风貌，承载当代人的时代使命。现实是，我们广为强调的仍然是学雷锋做好事的那一套，社会大众所熟知的标签也多是“好人雷锋”，但是雷锋所做的那些好人好事在现如今的社会环境下已不是那么容易践行，因而大众与雷锋之间仿佛横上了一道鸿沟，难以企及，也就无法彰显出雷锋精神的时代活力。

雷锋精神职业化的首要意义在于它能够与时代精神相呼应，满足雷锋精神自我发展的需要。今天，我们需要大力弘扬的是以“改革创新”为核心的时代精神，发出的是“大众创业万众创新”的时代号召，提倡的是“劳动光荣、创造伟大、技能宝贵”的时代风尚。雷锋精神要永葆生命力、永不褪色、永不过时，就必须回应这样的时代关切，从自身内核出发，找准新的切入点和共鸣点，因而雷锋职业精神的提出恰逢其时。我们有职业精神，却恰恰缺乏像雷锋这样典型突出、印记深刻、传播面广的职业典范。当我们剥去雷锋精神在革命时代的一些特性，而找到与当今时代精神相呼应的雷锋职业精神这一共性时，新的雷锋之歌必将在更悠长的时空传唱。

2. 雷锋精神落地生根的需要

通过对雷锋人生履历的整体把握，把职业要素从雷锋精神之中凸显出来，实现雷锋精神与职业过程相对接、与社会发展相联系，是有效解决学雷锋实效性和常态化问题，促进雷锋精神落地生根的现实需要。

一方面，雷锋职业精神与职业过程相对接，有利于解决学雷锋实效性问题。学雷锋如何落到实处？新世纪以来，“立足岗位学雷锋”成了新的时代口号，但岗位学雷锋如何学，学什么仍然是一个宽泛的概念。究其原因在于雷锋精神与岗位精神还存在一个过渡衔接的问题。衔接好了，雷锋精神也就落到实处，在实际岗位产生了实效性；衔接不好，也就浮于表面，走走过场了。从现实情况来看，目前岗位学雷锋基本也是从雷锋精神的层面上来理解把握的，集中在助人、敬业等个别特质上，是碎片化的，因而无法深入具体。而在一般社会层面，主要是落在道德层面，在人际关系日渐疏离而生活节奏日渐加快的当今时代，人们尽管呼唤道德但又被很多外力因素挤压了道德施展的空间。因此，光从道德层面讲道德是较为空洞的，实效性也大打折扣。而雷锋职业精神从职业的动力来源到职业过程中的行为表现再到职业外围的提升拓展实现了与职业全过程的对接，有效解决了学雷锋实效性问题。作为一个职业人，首先应明白职业动力在哪里，雷锋职业精神告诉我们要感恩、担责，这是建立职业信念的第一步。其次应明白在职业过程中如何行为表现，雷锋职业精神告诉我们要高效、敬业和创新，这是获得职业信心的重要基石。此外，还要从具体工作之外来形成职场合力，雷锋职业精神告诉我们要友善、诚信、奉献，这是推动职业发展的必然要求。在此基础上，学雷锋就有了具体目标和方向，不需要刻意找时间，就在自己的岗位上，就从手头上的事做起，让雷锋精神真正落到实处。

另一方面，雷锋职业精神与社会发展相联系，有利于解决学雷锋常态化问题。“雷锋叔叔没户口，三月来了四月走”，一句话道尽了历年来学雷锋的尴尬局面。学雷锋更多的是自上而下的行政力量在推动，缺少了自下而上的自觉行动。如何解决好雷锋的“户口”问题，让雷锋常驻人们心中，决策者们从方式方法体制机制等方面进行了思考和创新，有效缓解了这一现实难题，但难以从根本上解决问题。去趟敬老院、参加爱心募捐、参与无偿献血、义务维修、随手做件好事……乃至加入志愿服务队，成为长期的志愿服务者，这些都不能长效地保证人们的热情，这些行为只能是人们在学习、工作、生活之余的闲暇下才能做的，受到时间和空间的限制，因而是被动的、短期的。再加上每年三月的行政力量推动，这些学雷锋的行为更加集中在特定时期内，给人以短期印象。而雷锋职业精神与社会发展相联系，找准了学雷锋常态化的立足根基。雷锋虽已逝世 50 多年，但社会的发展始终向前。社会发展的基本单位是个人，个人发展的基本依存是职业。职业如何长久地维持？我们需要点精神。雷锋精神职业化正是从职业着手，贴合社会各行各业的实际发展需要，丰富学雷锋的形式和载体，形成长效机制，让雷锋留得住、留得久。老一辈无产阶级革命家谢觉哉说：“雷锋同志是平凡的，任何人都可以学到；雷锋同志是伟大的，任何人都要努力才能学到。”社会发展到今天，追求像雷锋那样“高大全”已是太过遥远和模糊，而成为雷锋式职业人却更具有可操作性和现实性。让雷锋落地，才能使学雷锋成为常态。

3. 时代发展社会和谐的需要

将雷锋精神与职业精神相融合，实现雷锋精神职业化，能够从价值判断与选择层面帮助人们确立正确价值取向，塑造良好社会风尚，在全社会牢固树立社会主义核心价值观；能够从价值创造层面激发个体活力和创造力，推动经济社会发展，助力“两个百年”奋斗目标，实现人民生活水平提高；能够从价值实现层面协调个人与社会、与他人的关系，促进社会和谐，助推中华民族伟大复兴中国梦。

（1）明确价值选择，塑造良好风尚，推进社会主义核心价值观建设。当今社会，信息丰富、文化多元、价值林立，我们凝聚共识，确立了“富强、民主、文明、和谐，自由、平等、公正、法治，爱国、敬业、诚信、友善”的价值观“最大公约数”。但是如何让它成为社会大众的自觉价值选择，还需要更强有力的精神支撑。从公民个人层面来看，雷锋职业精神与核心价值观是高度契合的，每一条价值准则都能从雷锋职业精神中找到生动例证。雷锋感恩于党和国家、一心回报社会的情感品质为当代公民诠释了“爱国”价值观的生动样本；雷锋主动学习、高效工作、勤奋钻研的行动品质为当代公民展示了“敬业”的模范标准；雷锋意志坚定、表里如一、诚实守信的行为品质为当代公民提供了“诚信”价值观的践行样板；雷锋乐于助人、团结协作、无私奉献的合作品质为当代公民做出了“友善”价值观的典型示范。这些都是在职业过程中实实在在发生的，真实而鲜活、平凡而细微，大家感觉可学、可信、可行。因此，传播雷锋职业精神，推进雷锋精神职业化，有利于帮助社会大众明确价值选择，营造良好的社会风尚，在弘扬和培育社会主义核心价值观方面具有不可替代的重要作用。

（2）激发创造活力，推动经济发展，助力实现“两个百年”奋斗目标。党的十八大报告指出：到建党100年时，全面建成小康社会；到建国100年时，建成富强、民主、文明、和谐的社会主义现代化国家。实现“两个百年”奋斗目标，需要全社会的创造活力。我们提炼雷锋职业精神，推动雷锋精神职业化，就是要给各行各业注入强大的精神动力，改变人的精神风貌和道德素质，进而提高物质生产效率，提升产业整体实力，推动经济又快又好发展。我国经济社会发展的主力军是各行各业的普通建设者和劳动者，他们职业道德的高低与职业精神的强弱直接影响着经济发展的速度、质量和效益。当前，我国经济发展已然步入新常态，对劳动者也提出新的更高要求，如何让全社会劳动者适应这种新要求，最大限度激发他们的创造活力和劳动热情，需要有突出的职业典型来引领风尚。雷锋虽然只有短短六年的职业生涯，但是他那爱岗敬业、服务人民、大胆创新、艰苦创业、精益求精、团结合作的职业精神让他在每一个岗位都创造了不可小觑的价值。如果全社会千千万万的普通劳动者都能用雷锋职业精神武装起来，必将产生不可估量的巨大能量，推动经济的平稳增长，助力实现“两个百年”奋斗目标。

（3）协调各方关系，促进社会和谐，助推中华民族伟大复兴中国梦。实现中华民族伟大复兴的中国梦必须走中国道路、弘扬中国精神、凝聚中国力量。在一代代中国人自强不息、艰苦卓绝的奋斗中，我们建立了一座座巨大的精神宝库，雷锋精神正在其中。今天我们学雷锋侧重在雷锋职业精神上，强调雷锋精神职业化，是有其突出的时代意义的。现代社会我们距离近了、人心远了，物质足了、德性失了……与巨大的经济总量跃升相伴而来的是社会各方日益错综复杂的矛盾和利益关系问题。如若不能协调解决，必将成为经济社会发展的枷锁，导致社会的停滞不前乃至混乱倒退。雷锋职业精神恰恰能够回应这种社会需求，成为“润滑”各方关系、促进社会和谐的一剂良药。在社会的大舞台，每个人都面临如何处理个人与他人、与集体的关系问题，像雷锋那样在职场中关爱他人、与人为善、助人为乐，也许一定程度上“委屈”自己，但长此以往必将收获他人的尊重与信任，建立良好的人际关系。像雷锋那样时刻以集体利益为上，把个人置身于集体大家庭中，团结同事，互助合作，也许一时并不起眼，但终会赢得集体的关怀与回报，机会也总是眷顾这类人。小小职场如此，大大社会同样如此，由每一位平凡职业人凝聚而成的中国力量、中国精神正是筑梦中国的强大基石。

二、雷锋职业精神的基本内容

（一）雷锋职业精神的文化渊源

雷锋职业精神孕育于雷锋精神之中，雷锋精神孕育和诞生于二十世纪中期。1963 年 3 月 5 日，毛泽东同志题词“向雷锋同志学习”，此后，刘少奇、周恩来、朱德、邓小平、陈云、江泽民、杨尚昆、李鹏等先后发表了关于学习雷锋的题词，学雷锋活动在全国得以广泛展开和持续深化，雷锋精神被全国人民乃至全世界所接受、弘扬。追根溯源，雷锋精神之所以产生如此广泛的影响和持久的活力，是因为它包含了丰富的道德内涵和深厚的文化渊源。翻开雷锋的人生履历，他不到 7 岁成为孤儿，读完小学参与生产队农业建设，之后被推荐为县公务员，加入共青团，到农场当拖拉机手，赴辽宁鞍钢当推土机手，应征入伍成为运输连战士，后被提名为抚顺市人大代表，直到 22 岁因公牺牲。他的职业生涯短暂而绚烂，而成就他的是特定环境下文化血脉的涵养与浸润。

1. 雷锋职业精神与湖湘文化

所谓一方水土养一方人，雷锋生在湖南，长在湖南，湖湘文化成了他铸魂的第一养分，雷锋职业精神是雷锋个人思想言行的提炼，更是湖湘文化的生动展现。湖湘文化以中华民族优秀传统文化为根脉，在湖南这片土地上繁衍滋生出自身的独特价值取向和思维方式，对生长在其文化氛围中的湖南人的塑造是不言而喻的，它影响着湖南人思想、行为和价值观念的形成，塑造了湖南人的鲜明性格特征。“淳朴重义、勇敢尚武、经世致用、自强不息、心忧天下、敢为人先……”是湖湘文化的精神特质，“吃得苦，霸得蛮，舍得死，不服降”是湖南人的典型性格。在《胆识 + 霸蛮 = 湖南人——解读湖南人》一书中，作者陈代湘指出：“对于湖南人而言，最重要的是意义，对有重大意义的目标或事物，即使像大海捞针那样困难和像海市蜃楼那样渺茫，他也会执着地追求直到实现它。他凭着对价值与意义的信仰与行动，他忠诚于他的团体并有着狂热的牺牲精神，他为了实现那些重大的价值与意义而殚精竭虑，执着追求，不惜任何代价。”① 这种湖湘文化的氛围对生长于斯的雷锋必定有着不可忽视的塑造作用。我们进一步分析，可以发现雷锋职业精神与湖湘文化的内核是高度契合的，是湖湘文化涵养“楚材”的又一生动案例，为雷锋职业精神的形成奠定了基础性作用。

（1）雷锋职业精神吸取了忧国忧民、敢为人先的湖湘文化精髓。湖湘人有着一系列独特的秉性，这种精神使湖湘人士以天下为己任，喊出了“若道中华国果亡，除非湖南人尽死”的豪迈口号，“湖湘士人还有一种敢于争先的任勇之气，他们勤勉、坚忍、大胆开拓而敢于争天下之先”。② 这

---

① 蔡栋．湖湘文化访谈［M］．长沙：湖南人民出版社，2006：6.

② 蔡栋．湖湘文化访谈［M］．长沙：湖南人民出版社，2006：6.

些“特别独立之根性”，可以总而言之曰“霸蛮”，这里“霸蛮”不是霸道，不是野蛮，是不怕鬼、不信邪，是“打脱牙齿和血吞”、“不到长城非好汉”。雷锋是长沙出生的农家伢子，他从小参加农业生产劳动，他的行为方式、性格品性同样鲜明地体现着湖南民性、民气中的坚强、独立、忧国忧民、敢为人先的人格精神。

雷锋职业精神的第一个重要内涵就是爱党爱国爱民的理想信念，这无疑是对湖湘文化中“忧国忧民”精神的继承和发扬，同时雷锋身上那种锐意进取、艰苦奋斗的创新创业精神也是湖湘文化敢为人先的内在意涵。童年时期就成为孤儿的雷锋感念党和政府的关怀，在职业定位中始终心系大局、心系国家，把自身的一切都奉献出来，在县里兴修水利时，他带头捐款，成为全县青少年捐款最多的。当别人还在享受校园的天真烂漫时光，他在小学毕业典礼上就立下了人生目标：“我响应党的号召，决定留在农村广阔天地里，去当新式农民。我决心做个好农民，驾起拖拉机耕耘祖国大地。将来，如果祖国需要，我就去做个好工人建设祖国；如果祖国需要，我就去做个好战士……”① 正是有了这种心系天下的湖湘情怀，他把个人置于家国大局之中，力求为社会创造价值。在后来的职业经历中，他更是奋勇争先、开拓进取，碰到各种困难都主动去钻，辛勤地付出，推土机不熟，就废寝忘食地学，最终制服了“大铁牛”；投手榴弹不合格，就起早摸黑地练，最终达到了目标；缺少教练车，他就竭尽所能地钻研，制造了模拟驾驶台，成为技术学习小组长……正是有了这种种不服输的“霸蛮”品性，才使他一次又一次成为了先进，从各类战线中脱颖而出。

（2）雷锋职业精神蕴含着经世致用、知行合一的湖湘文化内容。经世致用、知行合一是湖湘文化的又一重要内容，在此影响下，一代代湖湘人士身体力行、学以致用，在政治、经济、军事等方面务实践履，做出了杰出贡献。在《湖湘文化访谈》中，朱汉民谈到，“湖南是一个崇山峻岭遍布、湍河急湲的地方，这里处处是顽石赭土、地质刚劲，使得湖湘的民性、民风中表现出质朴、笃实、勤勉、耐劳等特性，普遍具有实干家品格”。② 近代以来，黄兴、毛泽东等一批仁人志士在湖湘文化影响下，积极

---

① 陶克. 告诉你一个真实的雷锋［M］. 西安：陕西人民出版社，2013：32.

② 蔡栋. 湖湘文化访谈［M］. 长沙：湖南人民出版社，2006：4.

投身革命，把个人理想和社会实践结合在一起，躬亲力行，踏实苦干，在血与火的年代创造了辉煌业绩，“实事求是”的思想路线更是始终指引着我们正确向前。时至今日，我们提炼出的湖南精神“忠诚、求是、担当、图强”，也饱含了对这一湖湘文脉的传承。

对雷锋来说，经世致用、知行合一，就是把自己的人生理想和社会发展联系起来，积极向上，不尚空谈。雷锋只有小学毕业，但他在每一个岗位上都能创造突出业绩，就在于他能够积极学习，并且学以致用。他说“要学习的时间是有的，问题是我们善不善于挤，愿不愿意钻”，所以他抓紧一切时间看书，看一页是一页，积少成多，不断提升理论水平和技术能力。他说“人的生命是有限的，可是为人民服务是无限的，我要把有限的生命投入到无限的为人民服务中去”①，所以他“出差一千里，好事做了一火车”。他说“让我们携起手来，做一颗永不生锈的螺丝钉”，所以他勤学习、勤出车、勤站岗，扫厕所、掏大粪，别人不甘愿的他都积极地去做，并且把大家都带动起来，提高集体的认识。他说“我要做一个有利于人民、有利于国家的人。如果说这是‘傻子’，那我是甘心愿意做这样的‘傻子’的”②，所以他省吃俭用，毫不犹豫地把积存的钱支援公社建设、寄给灾区人民。凡此种种，雷锋用行动诠释了“经世致用”、“知行合一”的湖湘文化内容。

（3）雷锋职业精神彰显了自强不息、探索不止的湖湘文化底蕴。自明末清初时期思想家王船山发展了一整套“造化日新而不用其故”③ 的日新哲学与人类进化史观，日新不息、奋斗向上的精神一直盛行于湖南。毛泽东在青年时代就热烈提倡：“与天奋斗，其乐无穷；与地奋斗，其乐无穷；与人奋斗，其乐无穷。”这种奋斗向上的人生观，与湖南刚健质朴、吃苦耐劳的“霸蛮”精神相结合，使湖南在中国近100多年的历史上，发挥了特别重要的作用。此外，湖南自古就有探索宇宙、人生“大本大源”的哲理思维兴趣。2000多年前，屈原就在湖南展开了“路漫漫其修远兮，吾将上下而求索”的哲学思考。湖南历代知识分子在立志救国之时，也总是力

---

① 邢华琪．雷锋全集［M］．北京：华文出版社，2012：43.

② 邢华琪．雷锋全集［M］．北京：华文出版社，2012：15.

③ 湖南师范大学文学院．湖湘文化论集［M］．长沙：湖南师范大学出版社，2000：151.

图从宏观上总体把握宇宙人生的规律，作为自己的最高信仰和价值准则。

综观雷锋的职业生涯，我们发现这种自强不息、探索不止的湖湘文化底蕴在他身上得以鲜明彰显。他是穷苦家庭出生，在党和国家的关怀下获得了新生，但他并没有贪图享乐、止步不前，而是与自己较劲不断奋斗向上，并且始终把个体发展与国家需要紧密联系在一起。小学毕业，他响应政府号召，回到农村当一个“新式”农民；鞍钢招工，他放弃舒适的工作条件和待遇，成为一名学徒工；在成为一名先进工人后，他又克服各种不利因素，实现参军梦。这每一步都是他通过不懈努力与奋斗争取而来的。除此之外，雷锋还是一个爱思考、爱探索的人，这就源于他的哲学思维兴趣和习惯。他在职业期间，写下了大量的日记，对生命意义与价值人生等做了深入的思考，留下了许多脍炙人口的佳句。毛泽东同志在读过《雷锋日记》后，也评价道：“此人是懂得一点哲学。”① 唯有懂哲学，善思考，理清人性本源，才能从根本上确立自己的世界观，做出正确的价值选择。雷锋之所以能够影响深远，正是因为他具备了这许许多多湖湘仁人志士的哲理思维共性，在他所坚信的哲学世界观指导下，形成了高于一般人的职业观，因而凸显了不平凡的一生。

2. 雷锋职业精神与企业文化

根据当时国家形势的发展，钢铁生产占了重要地位，雷锋申请到鞍钢学习，于 1958 年 11 月远赴辽宁鞍山钢铁厂工作，成为工人阶级队伍的一员，被分配在鞍钢化工厂总厂洗煤车间当推土机手，1959 年 8 月又报名到鞍钢弓长岭矿山参加新建焦化厂工作。短短一年时间，在工人队伍与企业生产文化的锤炼中，他又好又快地掌握了技术，并且加强了理论学习，快速成长为社会主义事业建设中的突出劳动者，为自己的职业生涯增添了时代背景下不可或缺的一笔，对其职业精神的形成起到了重要的促进作用。

（1）工业建设促使雷锋坚定了回馈社会、报效祖国的职业志向。雷锋的职业形象经历了三个主要转变：一是家乡当农民，二是鞍山当工人，三是入伍当兵。如果说从工人到军人的转变，我们大概可以看作每个男人都有个英雄梦、军人梦，那么从农民到工人的转变是为什么呢？到鞍钢以后，有工人师傅问他，你在农村每月 32 元钱，到这 22 元钱，你为什么要

---

① 陶克．告诉你一个真实的雷锋［M］．西安：陕西人民出版社，2013：226.

来？他说，我不是为了钱来的，是为了“1070”来的。理解“1070”，我们就要去把握当时雷锋所处的特定年代背景。1958年，党中央制定了“鼓足干劲，力争上游，多快好省地建设社会主义”的总路线，发出了大炼钢的号召，要求1958年全国钢产量翻番，达到1070万吨。在这样的背景下，一心向党、忠诚感恩的雷锋激发了无限的爱国热情，想要投身于祖国的工业建设大潮中，贡献自己的一份力量。从1958年11月15日到1960年1月8日，将近一年零两个月的时间，时间不长，但对雷锋职业精神的形成起着非常重要的作用。江泽民同志指出：“大工业生产的环境，对造就雷锋起了很大的作用。”① 在产业工人大军中，经过淬火锻炼，雷锋深深为工人阶级热火朝天的建设氛围所感染，思想逐步发生变化，由初期的淳朴报恩到无产阶级崇高使命的觉醒与担当，树立了为共产主义奋斗终生的远大理想。这一时期他对人生价值有了更深的领悟，“人的生命是有限的，可是，为人民服务是无限的”这样的日记名句正是他在弓长岭当工人时写下的。可以说，工人阶级的先进性给他最深刻的锤炼就是这种毫无保留的爱国热情和回馈社会、报效祖国的职业志向。正是基于此，他才能在下一个人生阶段中成长为一名爱憎分明的伟大的共产主义战士。

（2）企业劳动促使雷锋养成了积极向上、开拓进取的职业心态。1958年，党中央发出了大炼钢铁的号召。雷锋积极响应号召到鞍钢，一开始鞍钢人事科长看他当过公务员，就让他还给领导当公务员，生活会好些。但雷锋不同意，认为自己不是来享受而是来工作的，于是被送到技校学习，学了两三个月，掌握了新技术，开上了推土机。而除了开推土机外，雷锋还积极参加大炼钢，下班以后也不回宿舍，仍然干劲十足、不知疲倦。后来辽阳弓长岭要扩建一个化工厂，尽管领导事先告诉他条件艰苦，他仍然执意要去锻炼和改造自己，到焦化厂后，发现确实住不好、吃不好、工作环境不好，许多人不干了开溜跑回去了，但他始终坚信困难是暂时的、局部的、可以克服的。冬天和泥困难，为了提高和泥质量和效率，他脱了鞋用脚去和，脚冻得像针扎般痛，但一想到是为了社会主义建设心里仍然热乎着，并且还感染了其他同志加入，使和泥工效提高1.5倍。他坚信，只

① 孙隆新. 工人雷锋从这里走出：雷锋与弓长岭的142天情缘［OL］.［2015-01-12］. 中国文明网.

要有叫高山低头、河水让路的气概，是没有战胜不了的困难的。在此职业期间，他被评标兵 18 次，红旗手 5 次，先进生产者 3 次，建设积极分子 1 次。他还写下了日记："如果你是一滴水，你是否滋润了一寸土地？如果你是一线阳光，你是否照亮了一分黑暗？如果你是一颗粮食，你是否哺育了有用的生命？如果你是一颗最小的螺丝钉，你是否永远坚守在你生活的岗位上？……"① 并且告诉我们，"在生活的仓库里，我们不应该是个无穷尽的支付者"。

（3）集体生产促使雷锋形成了团结协作、大公无私的职业精神。刚入厂时，雷锋在生产上只是做到完成自己的任务和达到每天的定额。受到党的教育和全国人民冲天干劲的鼓舞，思想和眼界变得更加开阔和远大，从而全身心地投入工作中。在鞍钢开推土机时，车间主任让他带新学员，尽管内心有所忐忑，仍然带领同志一起互相研究、互相学习，不懂的就请教其他老师傅再告诉学员们，在 4 个月里教会了 3 名学员驾驶和维修推土机，厂里给他 36 元师傅钱，他坚决不收，认为把自己经过党的教育培养所取得的技术知识告诉其他同志是应该的。在建设厂房过程中，他看到工地上到处有大粪，就每天利用早中晚休息时间去拾捡，一个月捡了 800 斤送到公社，既搞了卫生又积了肥。在气象台预报晚上有大雨时，他第一时间想到的是工地上有很多材料会淋湿，跑去调度室知道刚运来 7200 袋水泥没盖，立即跑去抢救，把自己的被子褥子全用上了，并叫来 20 多个同志一起把水泥盖好，避免了国家财产受到损失。凡此种种，无不体现了雷锋在那个特定年代的集体生产集体劳动下所养成的无时无刻不为着国家和集体着想的大公无私的奉献精神和团结协作、群策群力的集体意识。他说："一朵鲜花打扮不出美丽的春天，一个人先进总是单枪匹马，众人先进才能移山填海。"②

3. 雷锋职业精神与军营文化

1959 年 12 月雷锋在《矿报》发表《我决心应召》的申请书，表达积极要求参军的坚定决心，1960 年 1 月 8 日，他实现了参加中国人民解放军的这个渴望已久的愿望。由于来之不易，他更懂得珍惜，也下定决心要实

① 邢华琪. 雷锋全集［M］. 北京：华文出版社，2012：3.

② 邢华琪. 雷锋全集［M］. 北京：华文出版社，2012：6.

现更多更大的转变。在革命的大家庭里，他努力学习政治、军事、文化并锻炼身体，全方位提升和改造自己，以期成为优秀的国防军战士。这一时期，是他实现价值人生的一个大跨越，他本身所带有的一系列优良职业品格在这里继续彰显，形成了鲜明的个人特色，而同时他在军队所特有的文化价值影响和生产实践中也不断砥砺出更高层次的精神追求。回看雷锋整个职业生涯，可以说，军营文化对其职业精神的形成起着决定性作用。

（1）革命军人的责任感和使命感构筑了雷锋职业精神的根本动力。随意翻开雷锋的日记、文章、诗歌、讲话等，总是能深刻感受到那蕴藏于心的感恩于党、感恩于国家的浓厚情感。这种感念之情在他步入最后一份职业时尤为凸显，他用语言为我们讲述着一个孤儿如何成长为一名解放军战士，更用行动为我们展示一名解放军战士如何服务岗位、奉献群众。我们分析雷锋的种种崇高职业品质，就必须了解这种军人文化对他价值观形成的关键作用。对于军人来说，核心价值取向是忠诚，忠诚于党和国家。雷锋因其个人经历始终感恩于党和国家，而这种感恩之情在军队有了更大的升华，他把自己比作党和军队事业的一颗螺丝钉。他说：“一个人的作用，对于革命事业来说，就如一架机器上的一颗螺丝钉。……螺丝钉虽小，其作用是不可估量的。我愿永远做一个螺丝钉。”① 作为一颗党的螺丝钉，他愿意“为建设社会主义和实现共产主义而献出自己的全部力量，直至生命”②。在这里，他无比坚定地明确了自己的职业理想和职业价值，因而他的一切行动都以这种内心坚信的崇高理想和由此而来的纯洁激情为基础，他不需要刻意经营和精心维持，一切都是自觉、单纯的行动。我们常说，一个人做一件好事不难，难的是一辈子做好事。而雷锋在军人核心价值观和个人理想信念的融汇糅合中，已形成了一辈子忠诚于党、听党指挥的优良职业道德。革命军人为国为民的责任感和使命感已融入他的血液，成为他职业生涯中所有自觉行动的根本动因。

（2）革命军队的组织性和纪律性优化了雷锋的行动品质。我们的军队是执行革命政治任务的武装集团，忠诚于党、听党指挥是军人的立身之本，是强军之魂，而能打仗、打胜仗是军人的本职所在，是强军之要。刚

---

① 邢华琪．雷锋全集［M］．北京：华文出版社，2012：57.

② 邢华琪．雷锋全集［M］．北京：华文出版社，2012：36.

到部队的雷锋还没有养成革命军人那种高度的组织性和纪律性，一次外出去街上照相，既没有请假也没有告诉别人，后来指导员找他亲切谈话，告诉他军队如果没有严格的组织纪律，就会成为一盘散沙，就不能战胜敌人。指导员还给他讲了邱少云的故事，他深受教育，以后再也没有违反过任何纪律。[①] 正是在这种高度的组织纪律性面前，雷锋不断告诫自己，提升了自己的行动力和执行力，养成了军人果决高效、坚毅顽强的行事作风，做事不打折扣、遇事不找借口。1960 年 8 月，驻地抚顺发洪水，运输连接到了抗洪抢险命令，雷锋忍着刚刚参加救火被烧伤的手的疼痛又和战友们在上寺水库大坝连续奋战了七天七夜，被记了一次三等功。在整个不到三年的军人职业生涯中，他被部队党委授予“模范共青团员”和“节约标兵”光荣称号，并且记二等功 1 次，三等功 2 次，受团、营部嘉奖多次。他时刻学习着、进步着，他用行动为我们诠释了什么是“螺丝钉精神”、什么是“钉子精神”，他不仅“红”而且“专”，有时还被别人认为“傻”，而正是这样的丰富实践，让我们看到了一个立体、生动、可敬、可爱的职业人。

（3）革命任务的艰巨性和长期性强化了雷锋的合作品质。进入部队后，雷锋接受了更全面的社会主义教育，通过新旧社会对比和参观烈士墓，他深刻认识到旧社会受苦难的是所有劳苦大众，因而下定决心练好军事本领，保卫祖国，使劳动人民不再遭受苦难。雷锋的志向与革命的任务是一致的，但任务的实现需要每一位战士勠力同心去实践、去创造。为此，雷锋从以下几方面来强化自身的职业技能和团队的合作能力。一是明确目标，态度端正。有的人认为技术学好学赖是个人的事，不重视技术学习，为此他积极组织大家学习“红与专”的文章，帮助大家提高认识、统一思想。二是严格要求，勤于练习。在投掷手榴弹的军事训练中，雷锋因个子小，臂力不大，总是达不到要求，于是他起早贪黑地练习，终于达到要求，取得实弹投掷的资格。三是精通业务，互帮互促。雷锋虚心好学，遇到不懂的地方，就要打破砂锅问到底，而且走到哪学到哪，外出坐车时，也留心司机的驾驶动作。他所在的运输连，在出车中常常结合实际，互设各种故障排除，互问互答，互相纠正驾驶动作，促进全班的技术提

---

① 邢华琪．雷锋全集［M］．北京：华文出版社，2012：160.

高。四是注重方法，严守制度。有一次他所在的运输连接受了国防施工保障任务，为了保障全班行车安全，雷锋注意观察沿途的地形、地貌、路况和可供标识的各种方位物，绘制了详细的道路特征示意图，以防患于未然。他还组织大家分析事故案例，结合实际查找可能发生的问题，共同研制了“四勤、三先、五不超、六不走、九慢”① 的安全措施，并且建立严格的检查、汇报制度，这样，全班共行驶 26000 多公里，没有发生任何事故。

（二）雷锋职业精神的基本内容

雷锋职业精神是雷锋精神外延的一部分，它是雷锋精神在职业领域中集中体现出来的精神特质。结合中宣部对雷锋精神时代内涵的概括与雷锋职业生涯的突出行为特征，我们将雷锋职业精神的基本内涵概括为六个主要方面：一是一心向党、忠诚爱国的报国情怀；二是恪尽职守、精益求精的敬业精神；三是大公无私、乐于助人的奉献精神；四是艰苦奋斗、勤俭节约的创业精神；五是刻苦钻研、锐意进取的创新精神；六是团结协作、集体至上的协作精神。

1. 人民至上、忠诚爱国的报国情怀

雷锋出生于湖南，是地地道道的湖南伢子，湖南人素有“湖南骡子”的称号，它精确地刻画了湖南人如骡子般犟韧不屈、认死一条道、不撞南墙不回头的集体性格。这种性格在雷锋身上既体现为干事有韧劲、吃苦耐劳、敢闯敢拼的工作热情，更深层次地体现在他认定新中国的这条道，一心向着党、一心奉献自己全部力量的坚定信念上，并且成为支撑他全部行为的根本动因。这种精神在党和国家的教育培养下，进一步强化为人民至上、忠诚为国的报国情怀。翻开雷锋留下的文稿，“党救了我”、“跟着党走”、“一颗红心献给党”、“永远是党的忠实儿女”、“新旧社会对比”、“做毛主席的好战士”、“做一个有益于人民的人”……处处可见感恩于党和新中国的字句篇章，这就决定了他作为一个职业人的最高行动准则——感恩、忠诚。

首先，应像雷锋那样，饮水思源心怀感恩。“回顾十多年前，我还是一个穷苦的孤儿，吃不饱、穿不暖，经常挨打挨骂过着牛马一样的生活

---

① 邢华琪．雷锋全集［M］．北京：华文出版社，2012：170.

……我只有以实际行动来感恩。”类似这样的话，雷锋几乎在他每一次职场转变或者每一次外出讲话时都提到过。他从一个饱尝人间疾苦的孤儿，到新中国成立后在当地政府的帮助下，上了学，参加了工作，过上了饱暖的生活，后又一路受到扶持关爱，感受着党和国家的温情，他对新社会和它的缔造者充满了感激之情，这是自然的、真诚的、合情合理的。这是我们现在一些不理解甚至质疑雷锋所作所为的人应该看到的，他的感恩之心来自于他的曲折生活经历，从受尽苦难折磨到享受幸福生活，这种感恩之心自然而真挚，朴实而动人。也正是这份感恩之心成了他事业成功的引擎。一个到哪里都感恩的人必然是受欢迎的人，一个时时刻刻心怀感恩的人也必然是充满着阳光力量的人。新中国走过 60 余载，改革开放 30 余载，我们已很难产生那种经历过新旧社会对比的强烈感激之情，但时至今日，仍有一些国家和地区战火纷争、冲突不断、民不聊生，冲这点，我们就应该对国家稳定、社会和谐心怀感恩，并且把这种大而抽象的感恩化为小而具体的行动，传递职场正能量。

其次，还应该像雷锋那样，忠诚爱国奉献社会。忠诚是一种职业道德，并且是其他职业道德和能力的统帅和核心。如果一个人缺乏忠诚，他的其他能力就会成为无源之水、无本之木，任何一个企业单位或组织都不愿意使用一个缺乏忠诚的人。雷锋深刻地明白这点，也自觉自发做到了这一点。他由衷地热爱他所生活的新社会，因而在他的一切行动中都坚守着忠于党、忠于国家、忠于人民、忠于社会主义这一根本信条，只要党和国家需要，他就愿意献上自己的全部。雷锋 7 岁成为孤儿，10 岁在土地改革中分得 3.6 亩耕地，在农业合作化高潮中，把分的土地全部入了社，小学毕业担任秋征助理员，后成为安庆乡通信员、望城县公务员，入团，治沩，捐款，被派去学拖拉机。就这一段简短的经历，我们发现小小少年雷锋在享受着新社会的关怀照顾时也在用自己仅有的力量回馈着这种种关怀。当国家发出大炼钢的号召，他欣然申请远赴鞍山；当鞍钢发出建新厂的需要，他明知艰苦毅然前去；当部队发出征兵宣传，他虽因个小被拒却毫不放弃终于如愿。促使他这一步步转变的无非是他那时刻想着为国为民尽点力的简单愿望，这种纯洁、直白而又强烈的忠诚之心在职场中是没有人忍心拒绝的。

2. 恪尽职守、精益求精的敬业精神

雷锋认为，世界上最光荣的事是劳动，世界上最体面的人是劳动者。他用深情的笔触写下了对劳动的热爱：“什么是时代的美？战士那褪了色的，补了补丁的黄军装是最美的，工人那一身油渍斑斑的蓝工装是最美的，农民那一双粗壮的、满是厚茧的手是最美的。劳动人民那被烈日晒得黝黑的脸是最美的，粗犷雄壮的劳动号子是最美的，为社会主义建设孜孜不倦地工作的人的灵魂是最美的。”① 学习职业精神首先看劳动态度，在这里，我们看到雷锋对劳动的无比尊崇，无论何种职业，他自觉地认为自己只是整个革命大机器上的一颗螺丝钉，螺丝钉虽小，其作用不可估量，他在日记当中写道：“我愿永远做一个螺丝钉。螺丝钉要经常保养和清洗，才不会生锈。人的思想也是这样，要经常检查，才不会出毛病。”② 他用自己短短的一生实践了他的誓言，在每一份职业中都尽职尽责、精益求精，他不愧为一颗“永不生锈的螺丝钉”。

做一颗“永不生锈的螺丝钉”，一方面应该像雷锋那样干一行爱一行，兢兢业业、恪尽职守、忠实履职。三百六十行，行行出状元，在平凡的工作岗位上也同样能有出息。雷锋短暂的一生并没有多少惊人之举，他所做的一切都是平平常常、司空见惯的小事，但就是靠着做好这些小事造就了一个伟大的战士。我们没有问过雷锋他最喜欢做什么，他只知道“党叫干啥就干啥，干啥还要干好啥”，他已经自觉把个人职业理想融入到党和人民的事业之中，这就决定了他无论在什么岗位，无论做什么工作，无论是分内还是分外的，都始终能抱有愉快的心情并尽最大的努力做出成绩。从参加工作到牺牲的6年时间里，雷锋在任何岗位上都始终如一、热情饱满、全身心投入、不懈怠、不抱怨，无法想象仅仅只有短短6年的职业生涯，他就成为了名动全国的职场楷模，关键不在于他做的是什么，而在于他是怎么做的。“立足本职，忠于职守”的背后是经年累月的坚持，需要坚强的意志和顽强的韧性，当坚持成为一种习惯，受益的正是他自己。我们面对职业时，不是每一个人都恰好能做自己最想要的，在没有其他更好选择的情况下，能做的就只有及时调整自己的心态，着眼当下，尽可能做出突

① 邢华琪．雷锋全集［M］．北京：华文出版社，2012：28.

② 邢华琪．雷锋全集［M］．北京：华文出版社，2012：57.

出的成绩，像雷锋那样“拧在哪里就在哪里闪闪发光。”

做一颗“永不生锈的螺丝钉”，另一方面还应该像雷锋那样专一行精一行，苦练技术、钻研业务、精益求精。雷锋在业务上可以说是潜心钻研，一丝不苟。在鞍钢开推土机时，推土机铲煤难免会带进一点泥土，这本不算什么，但雷锋认为，煤里掺进泥土会影响炼焦的质量，进而影响炼钢，于是，他苦练落铲技术，做到尽量把煤铲净，又不铲进泥土，有时进了少量泥土，还下车把泥土挑干净。在汽车连开车时，为了行车安全，绘制了详细的道路特征示意图，细致到每一条沟，每一座桥，每一道弯。这种无处不在的精益求精的工作作风让他赢得了赞誉。除此之外，雷锋还十分注重细节，通过细节来实现创造和改变。在建设工地施工时，他既想办法优化时间分配来提高和泥、运转、砌砖的效率，又思考如何在冷天提高泥的黏性，确保砌砖牢靠，还想出了“横杆吊斗运泥法”来降低运泥的难度。在运输连，由于只有一辆教练车，新兵们只能轮流去学，他就思考如何解决人多车少的问题，提出自己动手造汽车模拟驾驶台，利用仓库废旧物品，研究汽车构造，造出了模拟驾驶台，解决了缺少教练车的问题。在工作中，雷锋始终是这样一个有心人，善于从细节中发现改良和进步的契机。一个人想要在一夜之间创造产生巨大效益的新事物是很难的，更多时候我们能做的就是从点滴入手，从小处着手，循序渐进地改进和完善，实现企业效益的提升和个人事业的进步。

3. 大公无私、乐于助人的奉献精神

雷锋在他的职业生涯中，始终一心为公，舍己为人，因而有人说他是“傻子”，对此，他不以为然。他在日记中写道：“有些人说我是‘傻子’，是不对的。我要做一个有利于人民、有利于国家的人。如果说这是‘傻子’，那我是甘心愿意做这样的‘傻子’的。革命需要这样的‘傻子’，建设也需要这样的‘傻子’。”① 50 多年前的雷锋认为社会需要那样的“傻子”，而 50 多年后的今天，我们仍然呼吁社会多一些这样的“傻子”，不是傻的人太多，而是太少。许多人认为“傻”是吃亏、是利益受损，但是把眼界放宽，把时间线拉长，我们再去看那些傻气的行为，却是蕴藏着无尽的福气的，它可能换来领导的关怀帮助、同事的友爱和谐、陌生人的微

---

① 邢华琪．雷锋全集［M］．北京：华文出版社，2012：15.

笑感念，何乐而不为？当然，雷锋的“傻”并非事先带着种种目的去的，但在客观上获得了有益的结果，这是极其难能可贵的。

理解和把握雷锋的“傻子”精神，一是要领会他那种心怀全局、大公无私的“傻”。1961 年 10 月 20 日他在日记里写道：“人的生命是有限的，可是为人民服务是无限的，我要把有限的生命，投入到无限的为人民服务之中去。”这种关于人生有限与无限之间的辩证关系的思考，使雷锋的人生观和价值观得以极大的升华，最终成长为伟大的共产主义战士。雷锋的“傻”是一种崇高的人生境界。他代表了那个时代所有的“傻子”。试想一下，如果没有那些伟大的“傻子”，我们的国家至今可能依然是“一穷二白”，依然被外国人瞧不起，在国际交往当中没有话语权。可以说，没有“傻子”，革命不会成功；没有“傻子”，建设绝无成就；没有“傻子”，今天的改革开放，根基何在？时至今日，没有“傻子”，科技如何突破？技术如何领先？物质相对富足的今天，我们仍然呼唤这样的“傻子”。在物质制度层面上，应给予其更多的关怀保障，不然就会显得真傻了，也无法鼓舞更多的“傻子”来全心全意投入本职工作，推动行业发展、社会进步。

理解和把握雷锋的“傻子”精神，二是要领会他那种不计得失、慷慨助人的“傻”。雷锋有着自己的幸福观，他认为“大河涨水小河满，大河没水小河干，只有集体利益富裕了，个人利益才能得到满足”，他让自己牢记“永远愉快地多给别人，少从别人那里拿取”，他认为“自己活着，是为了使别人过得更美好”。这些话听起来多傻呀，但就是这样心甘情愿当“傻子”的快乐为他奠定了成功的前提和基础，那些自认为聪明的人，反而被聪明误。事实反复证明，踏踏实实、老老实实、扎扎实实的人，最受欢迎；而那些爱耍小聪明的，终究会被人们所不齿。雷锋在工作中从来不计较分内分外，干多干少，吃亏了还是占便宜了，只要力所能及，就尽自己最大努力去做，当公务员时是这样，当工人时是这样，成为解放军战士后仍然是这样。在望城县委机关，他主动包办了所有办公室卫生工作；在鞍钢，他下班后仍然主动参加炼钢；在部队，他主动帮战友补习文化、拆洗被褥、缝补衣服，打扫卫生……他无数次慷慨解囊，捐款购拖拉机，捐款支援公社建设，支援灾区重建，帮助劳苦群众……诚然，他牺牲了很多休息时间，失去了许多个人的物质享乐，仿佛是吃了不少亏，但谁都不能否认，正是他所做下的这许多“傻事”，改变了他的命运，给予了他更大的收获与回报。因而，于个人、于国家、于社会，我们都真诚地呼唤雷锋式的“傻子”精神，愿这种“傻子”精神成为职场社会的主流和主导精神，为国家和民族创造不朽业绩。

4. 艰苦奋斗、勤俭节约的创业精神

雷锋参军后，自己动手做了一个“节约箱”，这个节约箱堪称是百宝箱，什么破铜烂铁、碎玻璃、螺丝钉、牙膏皮、破衣服、边角料等都收藏在里面，一次外出开会路上，看到一堆漏掉的水泥，他也用手帕包起来带回放进节约箱。对于有利用价值的，他就抽时间修补，如铁钉、螺丝帽洗干净，修车、修工具时能用就用；不能再利用的如破铜烂铁、牙膏皮等就送到废品站卖掉，所得的钱上交给部队。这样，“节约箱”成了一个变废为宝的“百宝箱”。随着经济的发展，社会财富的增加，国家普遍鼓励提倡消费，虽然那种“缝缝补补又三年”的纯粹的朴素作风已不适应时代需求，但在全球化的市场竞争中，在人口、资源、环境的协调发展需求中，雷锋的这些做法仍然没有过时，那种变废为宝的节约意识、艰苦奋斗的创业精神仍然是共通的。

弘扬雷锋的“百宝箱”精神，就要在工作和生活中厉行节约、杜绝浪费、控制成本。雷锋同志在日记中写道：“要记住：‘在工作上，要向积极性最高的同志看齐；在生活上，要向水平最低的同志看齐。’”① 这两种不同的“看齐”，透出雷锋在工作和生活方面的两种优良作风：一种是战胜困难、永葆激情的工作作风，一种是艰苦朴素、勤俭节约的生活作风。这是难能可贵的，我们许多人的心思恰恰相反，在工作上向懒散的人看齐，做事马马虎虎，心不在焉；而在生活上向奢靡的人看齐，追求物质享乐，盲目攀比，这样的人在职场无疑是大害。历览前贤国与家，成由勤俭败由奢。大到整个地球来说，资源总量是有限的，你浪费一点，别人就少用一点，子孙后代的可持续发展就减少一点；小到一个企业，每个人每天无意识地浪费一张纸、一瓶水或是一点电，全年算起来会增加多少成本，而降低的正是企业的竞争力，试想连细节都无法控制的企业谈何掌控市场全局。“千里之堤，溃于蚁穴”，浪费的口子一旦打开，形形色色的浪费行为

① 邢华琪．雷锋全集［M］．北京：华文出版社，2012：14.

就会尾随而至，导致许多不必要的损失。在职场生活中，每个人都应该像雷锋那样给自己设置一个百宝箱，它也可以是无形的，仿佛心中有着一杆秤，该精打细算时绝不挥霍浪费。

弘扬雷锋的“百宝箱”精神，还要在创业过程中奋发图强、自力更生、排除万难。创业既为国家大业，又为个人事业，建国初期，我们一穷二白、百废待兴，正是有着一批批艰苦奋斗、务实图强的有志青年自力更生、攻坚克难，才一步步筑起了我们的钢铁长城，实现了一次次跨越发展。雷锋生活的年代，正是社会主义建设火热进行、人们热情空前高涨的时期，国家呼唤一声，人们倾尽全力，雷锋正是这其中的突出典型，他不怕苦、不怕难，因为最苦的日子已经过去，在社会主义大事业的开创过程中，他始终要求走在前列，到最艰苦的地方去，到最需要的地方去。他性本爱美，却“克扣”自己，节约每一分钱用在需要的地方。他说：“现在我们国家处于困难时期。我们是国家的主人，应该处处为国家着想，不能今朝有酒今朝醉，明日愁来明日忧。我们要奋发图强，自力更生，克服当前存在的暂时困难，坚决反对大吃大喝，力戒浪费。”① 这些话，今天读来仍然引人深思。在几十年的高速发展下我们已取得了举世瞩目的成就，但罗列起问题仍然一大箩筐，需要身在其中的你我每一个人都来出力。中国梦不只是看国家整体的大数据，还在靠每一位普通劳动者的艰苦奋斗、就业创业，这样才能筑牢复兴强国的基石。

5. 刻苦钻研、开拓进取的创新精神

“一块好好的木板，上面一个眼也没有，但钉子为什么能钉进去呢？这就是靠压力硬挤进去的，硬钻进去的。由此看来，钉子有两个长处：一个是挤劲，一个是钻劲。我们在学习上，也要提倡这种‘钉子’精神，善于挤和善于钻。”② 这段话是雷锋针对有的人说工作忙，没有时间学习而提出来的。他认为问题不在工作忙，而在于你愿不愿意学习，会不会挤时间。从哲学上来看，它形象地说明了主观与客观、能动与被动的辩证关系，强调了积极主动的进取精神。在职场中，我们常常会面临很多困难，有的看似无法逾越，但是只要有恒心和毅力，有不服输的韧劲，总能“滴

① 邢华琪．雷锋全集［M］．北京：华文出版社，2012：32.

② 邢华琪．雷锋全集［M］．北京：华文出版社，2012：43.

水穿石”、“铁杵成针”。雷锋是一个对工作十分有热情和激情的人，脸上总是洋溢着微笑，身上总有股使不完的劲。可是他也有短板，天生的小个子让他在职场中增添了许多苦恼。当公务员，县委书记看他个子瘦小只让他先试试；参军当兵，因个子矮小差一点儿没能进部队；当上了战士，还因为个头瘦小，在军事训练上比别人多吃了许多苦头。但这些并没有让他沮丧不前，反而用“钉子般”的挤劲和钻劲摆脱了先天制约，开拓了属于自己的一片天地，成为一名了不起的战士。他是如何释放出如此大的能量呢？具体来说做到了以下两点。

一是赢得学习时间，增强时间管理意识。工作忙，学习时间从哪来？他从一颗小小的钉子受到启示，并且说到做到，在弓长岭工作时，他坚持自学，“每天早晨学习一小时，晚上总是要自学到深夜 10 至 11 点钟”。在雷锋日记里，我们也看到他是怎样挤时间的，“早起点，晚睡点，饭前饭后挤一点，行军走路想着点，外出开会抓紧点，星期假日多学点”；“时间紧，可是看一页是一页，积少成多。学习，不抓紧时间不行”。[①]这些简单而直白的语言就是他抢时间的法宝，比起“时间就是金钱”等口号要实在且实用得多。美国著名管理大师杜拉克说过，“不能管理时间，便什么也不能管理”；“时间是世界上最短缺的资源，除非严加管理，否则就会一事无成”。在职业生涯中，我们忙忙碌碌、四处奔波，无非是为了求得更好的发展，但常常会不经意就忽略了重要的一点，那就是学习——持续不断地深入地学习，这会反过来影响一个人的长远发展和提升。当然，我们的理由常常是时间和精力已被日常事务所占据，但认真想想，真的腾不出一丝丝时间吗？答案是否定的。上帝是公平的，给每个人每天的时间是 3 个 8 小时，一般来说，8 小时工作，8 小时睡觉，而造成人与人不同的是另外剩下的 8 小时被用来干什么。感叹时间不够的人，一类是深刻认识到自己还需要学习的地方很多并且始终觉得学不够；还有一类是把时间都花在不必要的事情上挤压了学习的时间却感慨没有时间去学习。如果能从吃饭、睡觉、上下班、休闲娱乐的时间里，抽出一些用在学习上面，所取得的进步和给生活带来的改变，也许远远超乎你的想象。雷锋在职场的不断跃进正是源于这无数次抽出的一点点时间。

---

① 邢华琪. 雷锋全集［M］. 北京：华文出版社，2012：31.

二是掌握学习方法，增强创新能力。每个人都有零星时间，看你怎么用。雷锋把它全部用在了学习上，每到一个工作岗位，就迅速掌握工作要领和岗位技能，然后做出成绩，一次次被树立为典型，成为知名人物，这与他的“学习力”和“创造力”是密切相关的。他小学毕业就参加了工作，可想而知一个小学文化的人如果没有后来的刻苦钻研、开拓进取，是不可能产生如此持久而深远的影响力的。他把学习和创造贯穿到了生命的每个阶段，不仅从书本上学、课堂上学，还善于从工作中学、实践中学。在一篇日记中，他还总结了自己的学习方法，提出了学习的公式“问题—学习—实践—总结”①，还要求自己把学习与“改造思想相结合，与改进工作相结合，与搞好训练和提高技术相结合”。在鞍钢，雷锋和师傅一起驾驶推土机作业时，遇到爬坡熄火的问题，师傅说是老毛病，他回到宿舍就钻研说明书，请教师傅，了解发动机工作原理，找出熄火原因，并调整进油量，最终使问题得到了解决。透过案例，我们看到雷锋的学习不是漫天撒网式的，而是根据工作需要，围绕工作中的问题，有的放矢地展开研究，这样，不仅学有所获，而且工作效率也大大提高。那些抱怨学习和工作相冲突的，很大一部分在于没有掌握好学习的方式方法，没有找到改造突破的路径，我们学习雷锋，也包括学习他是怎样学习的。

6. 团结友善、集体为上的协作精神

雷锋在日记中写道：“一滴水只有放进大海里才能永远不干，一个人只有当他把自己和集体事业融合一起的时候才能有力量。”② 这段脍炙人口的话，生动地诠释了甘为大海中“一滴水”的境界，它告诉我们：一个人的力量是有限的，个人永远也不能离开社会与集体而存在。我们且看雷锋的“这滴水”，他没有赫赫战功，没有鸿篇巨制，却以短暂的22个春秋大写了中国士兵的光辉形象，经久不衰地感动着一个民族，激励几代中国人，穿透亿万人民的心灵。为什么呢？因为“这滴水”是融入大海中的一滴水，他用一点一滴的平凡、执着和务实，生动诠释了全心全意为人民服务的根本宗旨，生动诠释了“个人与集体”、“奉献与索取”、“利己与利人”等哲学命题，他获得了集体的滋养，汇聚了集体的力量，也成就了集

---

① 邢华琪. 雷锋全集［M］. 北京：华文出版社，2012：27.

② 邢华琪. 雷锋全集［M］. 北京：华文出版社，2012：14.

体的光芒。今天，我们要学习雷锋的“一滴水”精神，学做雷锋式的“一滴水”，必须要从以下两方面着力。

一是要从集体着眼，贡献“一滴水”的力量，缔造永不干涸的大海。对于个人与集体的关系，雷锋有过很多形象的比喻，如“一朵鲜花打扮不出美丽的春天，一个人先进总是单枪匹马，众人先进才能移山填海”；“个人和集体的关系，正像细胞和人的整个身体的关系一样。当人的身体受到损害的时候，身上的细胞就不可避免也要受到损害”。① 如今，“团队精神”、“团队合作”已成了人们经常挂在嘴边的话，但是如何来凝聚团队，如何来发扬团队精神，我们仍然可以从雷锋身上得到启迪。比如在入伍不久，他就被选到了战士业余演出队，多才多艺的他报了许多节目并起早贪黑地背好了台词，但练习时因口音问题突出很难纠正而让大家为难，他就主动退出了演出；又从台前转到了幕后，做起了食堂帮厨，让演出队员及时吃上热饭热菜，还“没事找事”烧起了开水，保障队员有热水喝，大家都非常感谢他，而他只开玩笑说不想在演出队“失业”。在这里，我们看到雷锋把团队的利益、集体的目标始终放在第一位，不斤斤计较个人得失，不因自己失去表现才华的机会而闹情绪、袖手旁观，反而自觉调整岗位角色，去做好一些点滴小事，服务整个团队，为演出成功贡献自己的一份力量。这正是我们所需要的团队精神，每个人都能自觉扮演好自己的角色，团队第一，个人第二，必要的时候个人退一步，不当团队的绊脚石，甘做幕后英雄。团队的每一个成员都好比大海里的一滴水，即使再有才华，再受重视，离开大海也很快会干涸，唯有聚到一起，汇成涓涓细流，汇入汪洋大海，才能奔腾不息、万世不竭。

二是要从小事做起，发挥“一滴水”的作用，实现“一滴水”的价值。每个人都是一滴水，一个人要活得更有意义、更有价值，就要“把有限的生命投入到无限的为人民服务之中”，以坚定不移的信念、百折不挠的勇气和锲而不舍的毅力，从平凡的事物中发现价值、创造价值。唯此，一滴水融合一滴水，一滴水推动一滴水，才能缔造永不干涸的大海。当“滴水”的力量十分微弱、目标不清晰，难以坚持下去的时候，我们不妨借用雷锋格言扪心自问：“如果你是一滴水，你是否滋润了一寸土地？如

① 邢华琪. 雷锋全集［M］. 北京：华文出版社，2012：61.

果你是一线阳光，你是否照亮了一分黑暗？如果你是一颗粮食，你是否哺育了有用的生命？”① 其实，雷锋在部队里的成长之路也并非一帆风顺，但他总能用阳光心态化解负能量，无私地把所有的爱撒播给团队。他满怀热情地对待工作、生活和战友。他帮炊事班做饭，给战友理发，照顾生病的战友，帮助困难的战友。有人被褥脏了，他默默洗了；有人衣服破了，他默默补了。他以细微而温暖的行动践行着“对待同志要像春天般的温暖”的誓言。熟悉他的人这样评价他：“你渴了，他就是一滴水；你饿了，他就是一粒粮；你心理暗了、冷了，他就是一团火，一线阳光。他很平凡，但他把自己仅有的一点光和热，全部献给了同志，献给了集体。”② 如果团队成员之间都这样相互理解、关心、支持、协作，有什么是不可战胜的呢？在日益激烈的全球竞争中，只要人人争做雷锋式的“一滴水”，充分发挥“一滴水”的价值，就能演绎现实版“集结号”，让企业立于不败之地。

三、雷锋式职业人的核心品质

自 2013 年长沙职业技术学院率先在全国提出“雷锋式职业人”教育理念后，罗慧玲等在《做雷锋式职业人行动手册》一书中对雷锋式职业人的职业品质进行了深入的探讨，根据现代企业对员工素质要求的调查，结合雷锋精神的内核，提炼出了雷锋式职业人的十种优秀品质：感恩、责任、敬业、主动、勤奋、高效、协作、忠诚、谦虚、豁达，并建立了雷锋式职业人职业品质内容体系，将十种品质分为动力品质（感恩、责任）、行动品质（敬业、主动、勤奋）、合作品质（谦虚、豁达、协作、忠诚）。③ 在此基础上，为进一步促进“雷锋式职业人”人才培养模式的有效实施，长沙职业技术学院开展了新一轮的整合研究，将雷锋职业精神与职业素质提升、职业素质训练对接起来，提炼为八种核心职业品质，即：爱国、责任、高效、敬业、创新、诚信、友善、奉献。其中，爱国、责任属于“动力品质”；高效、敬业、创新属于“行动品质”；诚信、友善、奉

---

① 邢华琪．雷锋全集［M］．北京：华文出版社，2012：3.

② 吴志菲．易秀珍回忆：我与雷锋是同乡、工友、好朋友［N］．北京晚报，2015－1－28.

③ 罗慧玲．做雷锋式职业人行动手册［M］．长沙：国防科技大学出版社，2014：5.

献属于“合作品质”。这三个大类八种职业品质相互作用，有机地构成了雷锋式职业人的核心品质体系。

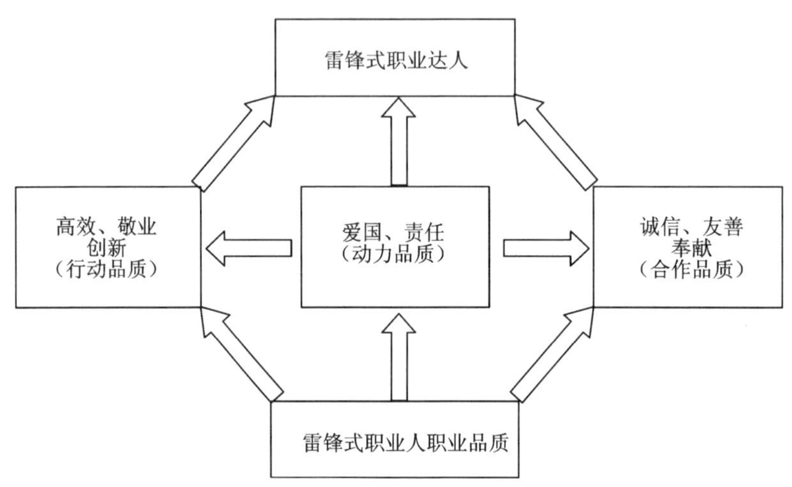

图 5　雷锋式职业人职业品质体系

（一）雷锋式职业人的动力品质

雷锋式职业人的动力品质是：爱国、责任。从职业品质形成的心理机制来看，“动力品质”是核心和基础，是产生“行动品质”和“合作品质”的内在驱动力。与这一“动力品质”相对应的是雷锋一心向党、忠诚爱国的报国情怀。它主要包含两方面内容：

一是爱国，是爱国爱家、知恩感恩、回馈社会。一方面，学习雷锋把国当成家的家国情怀，成为一个爱国爱家，全心全意为人民服务的人；另一方面，学习雷锋对党和国家的无限忠诚、无限感激之情，成为一个知恩感恩，用行动回馈社会的人。对雷锋来说国是最大的家，他深知没有新中国就没有他的新生活。他在日记中激励自己说：“你崇高的行为就是献身于为人民服务，为自己的祖国效忠，为崇高的共产主义理想立功。”做雷锋式职业人，应该像雷锋那样热爱祖国，维护国家的利益，在必要时听从召唤，为社会主义建设事业添砖加瓦。

二是责任，是信念坚定、目标明确，规划人生。一方面，学习雷锋自觉把个人前途寓于社会发展之中的大局意识，成为一个有理想、有信念、对社会和集体有益的人；另一方面，学习雷锋对自己未来人生道路的自觉规划，成为一个有目标、有担当，对自己和社会负责的人。他在小学毕业时就写道：“我呢，我决定留在农村广阔天地里，决心做个好农民。将来，如果祖国需要，我就去做个好工人。将来，如果祖国需要，我就去做个好战士。”做雷锋式职业人，应像雷锋那样把握社会发展潮流和需要，坚定理想信念，确立职业目标，规划职业生涯，向着目标一步步迈进，从而承担起更大的社会责任。

（二）雷锋式职业人的行动品质

雷锋式职业人的行动品质是：高效、敬业、创新。“行动品质”是在“动力品质”基础上经过自我激励而派生的品质。与这一“行动品质”相对应的是雷锋恪尽职守、精益求精的敬业精神，艰苦奋斗、勤俭节约的创业精神和刻苦钻研、开拓进取的创新精神。它主要包含三方面内容：

一是高效，是积极行动、持之以恒、自我控制。一方面学习雷锋说干就干、敢于表现的高效行动力，成为一个积极主动、踏实肯干的人；另一方面，学习雷锋不畏难、不退缩的持久坚持力，成为一个有毅力，能够自我约束、自我控制的人。雷锋善于用钉子般的“挤劲”和“钻劲”来节约时间、提高效率，让自己常学常新。他敢于尝试，主动把握每一线机会，在个子矮小的先天不足下仍争得了新的职业机会。他能吃苦耐劳，用“叫高山低头、河水让路”的韧劲啃下了不少“硬骨头”，得到了领导和同事的一致赞赏。做雷锋式职业人，应像雷锋那样敢于行动，不给自己留借口，用高效的时间和空间管理不断拓宽前行道路。

二是敬业，是立足本职、专心致志，精益求精。一方面学习雷锋“干一行爱一行、专一行精一行”的敬业态度，成为一个脚踏实地、争创一流业绩的人；另一方面，学习雷锋“不放过一个火花塞帽”的细节意识，成为一个精益求精、不断追求卓越的人。雷锋 6 年职业生涯经历了 4 个职业角色，但没有一个角色不是尽职尽责、尽心尽力的。他当农民，用努力让自己成为全县第一名优秀拖拉机手；他当通讯员，忙前跑后将机关杂务办得妥妥帖帖；他当工人，月月超额完成任务；他当战士，模范带头，身先士卒。做雷锋式职业人，要像雷锋那样把自己当作一颗小小的“螺丝钉”，在哪里安放就在哪里闪光，并且时常“清洗”和“保养”自己。

三是创新，是勇于创新、敢于创业、自强不息。一方面，学习雷锋“办法总比困难多”的顽强意志和勤动脑、善总结的创新思维力，成为一个爱思考、能创造的人；另一方面，学习雷锋身上那种“逢山开路、遇水搭桥”的创业勇气和闯劲，成为一个敢拼搏、能突破的人。雷锋认为：“在我们前进的道路上，不可能不遇到一些暂时的困难，这些困难的实质，‘纸老虎’而已。”他善于观察和思考，对于工作中遇到的新情况、新问题，总能开动脑筋，创造性地加以解决。做雷锋式职业人，要像雷锋那样遇到问题不回避、不袖手旁观，主动寻找解决难题的办法，把智力潜能转化成解决问题的思考力，为集体创造价值，为个人开创事业。

（三）雷锋式职业人的合作品质

雷锋式职业人的合作品质是：诚信、友善、奉献。“合作品质”是在“动力品质”基础上经过人际协调而派生的品质。与这一“合作品质”相对应的是雷锋无私奉献、乐于助人的奉献精神和团结协作、集体至上的协作精神。它主要包含三方面内容：

一是诚信，是忠诚守信、依规守法、立身养德。一方面，学习雷锋为了党和人民的事业“心甘情愿、头断骨粉、身红心赤、永远不变”① 的忠诚信念和“内诚于心、外信于行”的守信意识，成为一个有信誉、有道德的人；另一方面，学习雷锋严格遵守各项规章制度的自律意识，成为一个有组织、有纪律的人。雷锋时时处处激励和鞭策自己“做人民最忠实的勤务员”，竭尽全力承担职责，报效祖国和人民；时时处处做到“用阶级友爱的精神关心每个同志”，待人处事表里如一、言行一致。做雷锋式职业人，要像雷锋那样对国家、集体、组织忠诚，对同行守信，严守外部的法律制度和心中的道德戒律，用诚信安身立命，进德修业。

二是友善，是优雅谦逊、团结协作、融洽和谐。一方面，学习雷锋“对待同志像春天般温暖”的友爱精神，做一个文明有礼、人际和谐的人；另一方面，学习雷锋“舍弃孤舟，坐在原子破冰船上乘风破浪一往无前”② 的团队精神，做一个关心集体、团结协作的人。雷锋注重仪表，总是穿着整洁，带着热情温暖的笑容，散发着青春的蓬勃朝气。雷锋是在部队迅速成长起来的，在这艘集体的大船上，他对待同乘一条船的“战友”是学习上耐心辅导，工作上热情帮助，生活上真诚关心，团队成员也回他以理解、支持、信任、合作。做雷锋式职业人，要像雷锋那样宽容克己，懂得

① 邢华琪．雷锋全集［M］．北京：华文出版社，2012：16.

② 邢华琪．雷锋全集［M］．北京：华文出版社，2012：63.

适当地“弯曲”自己，用阳光心态赶走人际交往的“阴霾”，在团队合作中创造财富、凝聚价值。

三是奉献，是无限热情、宽厚仁爱、创造价值。一方面，学习雷锋“把有限的生命投入到无限的为人民服务中去”的奉献热情，做一个甘于付出、创造价值的人；另一方面，学习雷锋“不怕吃亏、乐于助人”的宽厚仁爱，做一个豁达开朗、宽容大气的人。雷锋“对待工作像夏天一样火热”，他的无限热情调动了他全身每一个细胞去创造价值。大炼钢铁时，他所在的班不用派人参与炼钢，但他下班时间主动去，并且干劲十足，不知疲倦。别人劝他少干点，他的回答是“我是为自己干事，就应该多干点”。他在与人交往时懂得妥协和宽容，蒙受委屈时，也会克制和忍让，用爱化解矛盾。做雷锋式职业人，应像雷锋那样“为自己工作”，力争上游、忘我劳动，用爱和奉献成就人生和事业的辉煌。

综合上述三类品质来看，“行动品质”和“合作品质”是“动力品质”派生出来的，反过来又通过自我激励和人际协调增强和巩固“动力品质”，使一个人更加有责任感，更加爱国爱家，表现出坚定的信仰和强大的动力。它们相互影响、相互促进，有机地构成了雷锋职业精神的核心品质体系。

第二章　雷锋职业精神与高职校园文化融合模式

一、核心内涵与现实意义

（一）核心内涵

职业精神是与人们的职业活动紧密联系，具有职业特征的精神与操守。社会主义职业精神是由多种要素构成的，包括职业理想、职业态度、职业责任、职业技能、职业纪律、职业良心、职业信誉、职业作风等。

“雷锋职业精神”是指雷锋在职业生活中所表现出来的职业道德与职业品质，是根据2012年2月中宣部对雷锋精神时代内涵的界定，对其涉及有关职业精神的内容进行提炼所明确的。“雷锋职业精神”主要包括理想信念、奉献精神、敬业精神、创业精神、创新精神。课题组根据雷锋职业精神和公民层面的社会主义核心价值观，结合现代企业对员工的素质要求，提炼出雷锋式职业人的职业品质是：爱国、责任、高效、敬业、创新、诚信、友善、奉献。

“校园文化”是社会大文化中的一个亚系统。作为一种文化现象，它伴随着学校的产生发展而出现并繁荣。关于校园文化的概念界定众说纷纭、莫衷一是。狭义上来说，校园文化是相对于课堂教学而言的课外活动，主要是以第二课堂为主要内容的文化氛围和精神。① 广义上，校园文化是学校的总体文化，是“人们创造的以特定主体（教师、学生及职工）为载体的物质财富和精神财富的总和”。② 我们认为，校园文化是学校在长期的办学过程中由全体师生员工以特定的价值观念为基础进行的物质与精

① 吴修艺．中国文化热［M］．上海：上海人民出版社，1988：89.

② 石峰岗．论校园文化及其优化［J］．高等教育研究，1989（1）：95－96，102.

神创造的结果。

（二）现实意义

1. 优秀文化进校园的创新举措

党的十八大召开以来，为大力推进职业教育，国家出台了系列重要文件，特别是2015年《教育部关于深化职业教育教学改革全面提高人才培养质量的若干意见》（教职成〔2015〕6号）、《职业院校管理水平提升行动计划（2015—2018）》（教职成〔2015〕7号）、《高等职业教育创新发展行动计划（2015—2018）》（教职成〔2015〕9号）等文件的相继出台，为职业院校深化改革、创新发展明确了方向。这些文件都对校园文化的重要作用和创新发展作了相关的表述，如《职业院校管理水平提升行动计划（2015—2018）》（教职成〔2015〕7号）提出，学校要深入开展文化育人创新行动，凝练学校核心文化，精选优秀文化进校园；《高等职业教育创新发展行动计划（2015—2018）》（教职成〔2015〕9号）中提出，要“充分发挥校园文化对职业精神养成的独特作用，推进优秀产业文化进教育、企业文化进校园、职业文化进课堂”。雷锋职业精神的挖掘及其与校园文化的融合，正好填补了校园文化对职业精神养成的缺失，这是优秀文化融入校园文化的重要举措，也是落实文化育人的创新举措。

2. 提高人才培养质量的有效途径

《教育部关于深化职业教育教学改革全面提高人才培养质量的若干意见》（教职成〔2015〕6号）明确指出：“深入挖掘先进人物的典型事迹，教育引导学生牢固树立立足岗位、增强本领、服务群众、奉献社会的职业理想，增强对职业理念、职业责任和职业使命的认识与理解。”这一提法，切合了班杜拉的“社会学习理论”。以雷锋为代表的先进人物的典型事迹就是学生学习的榜样，就是他们前进的目标和方向。高职学生的人生观、世界观正处在自我觉醒、自我确立的关键阶段，思想格外活跃，观念容易改变。通过榜样的树立，学生可以直观地感受雷锋职业精神，参与具体的专业项目，接受系统的学习培训，有利于激发其学习热情，增强社会适应能力，满足用人单位需求，提高人才培养质量。

3. 服务区域经济发展的动力源泉

高职教育具有职业性和实践性两个最根本属性，推行就业导向的办学模式，其实质就是围绕市场需求办学。国务院《关于大力发展现代职业教育的决定》中指出，“专科高等职业院校要密切产学研合作，培养服务区域发展的技术技能人才”。雷锋职业精神所提倡的“创新、敬业”等品质是企业文化的精髓，也是经济社会不断发展的源源动力，其与高职校园文化的融合，不仅适应了校企合作和产学结合的需要，也有利于显著提高毕业生的综合素质，从而服务于区域经济发展。

二、理论依据与基本原则

（一）理论依据

1. 管理学理论：“马斯洛层次需求理论”

“马斯洛层次需求理论”是由美国社会心理学家亚伯拉罕·马斯洛（Abraham Harold Maslow）提出的。该理论认为，个体成长发展的内在力量是动机。而动机是由多种不同性质的需要所组成，各种需要之间，有先后顺序与高低层次之分；每一层次的需要与满足，将决定个体人格发展的境界或程度。马斯洛认为，人类的需要是分层次的，由低到高是生理需求、安全需求、社交需求、尊重需求、自我实现需求。这一理论启示我们，职业院校的人才培养要根据学生身心发展规律和职业教育特点，引导并帮助学生实现更高层次的需求。雷锋职业精神是职业院校学生尊重需求和自我实现需求的基础和保障，我们要根据理论探索方法，促使学生从根本上认可，将对雷锋职业精神的学习转化为实现最高需求的内在动力。

2. 心理学理论：班杜拉“社会学习论”

社会学习理论是由美国心理学家阿尔伯特·班杜拉（Albert Bandura）于 1971 年提出的。班杜拉认为，人的行为，特别是人的复杂行为主要是后天学习得到的。他将行为习得的过程分为“通过反应的结果所进行的学习”和“通过示范所进行的学习”，即我们所说的直接经验的学习和间接经验的学习。

班杜拉的社会学习理论所强调的是这种观察学习或模仿学习。班杜拉指出，观察学习包括四个过程：（1）注意过程，在观察示范行为时，注意了解行为结果及其与之相关的环境刺激，从而确定这种示范行为是否有学习的价值，并能正确模仿。（2）保持过程，即将榜样行为加以限制、分类，变成易于记住的符号化反应模式，并反复熟习、精思、融会贯通，使延期仿效达到自然生成。（3）运动再生过程，以符号化行为反应模式代替具体示范行为来实施自己的行为。（4）动机过程，即对所学习的行为进行价值评价选择，从而指导自己的行动。

班杜拉的“社会学习论”对本研究课题的启示主要体现在，一是将雷锋职业精神作为示范行为并融合在校园文化中对学生加强行为养成教育，能促使学生在后天学习中形成良好的行为习惯；二是其观察的四个过程为本课题路径研究提供了参照。

3. 教育学理论：“高校组织文化理论”

组织文化是指某个单位集体在长期的生存与发展过程中，逐渐积淀形成的某种具有自身特色的文化形象。它的主要内容包括该集体独特的价值观念、传统习惯、行为规范、群体意识和管理思想等。社会中存在的一切有效组织都具有独特而强烈的组织文化。高校组织文化理论是高等教育管理理论之一。该理论认为，高校组织文化是某一高校内所有校园人所共有的价值体系，是一所高校的精神核心，代表着高校的文化软实力和社会形象，也是高校民主管理与和谐发展的基础，对高校综合竞争力的提升和师生之间凝聚力的增强都有着无可取代的作用。高校组织文化理论启示我们，把雷锋职业精神作为我们高职院校的重要组织文化，将其与高校校园文化融合，对于高校文化软实力和社会形象提升有着重要作用。

（二）基本原则

1. 人本性原则

要坚持以学生发展为本的理念，将雷锋职业精神与校园文化有机融合起来，在校园文化建设中体现职业素养和职业精神，达到用先进文化培育人、愉悦人、塑造人和发展人的目的，促进学生形成良好的行为规范，提升健康的文化品位，追求高尚的精神境界，养成良好的职业习惯，实现学生的全面发展。

2. 教育性原则

雷锋职业精神与高职校园文化的融合，其目的是要突出文化的育人作用，在校园文化的建设中从理念、环境、行为、制度等方面融合雷锋职业精神，使校园中处处能感受到雷锋职业精神的存在，让学生通过雷锋职业精神的熏陶、文明风尚的感染、优良环境的陶冶，得到思想引导、性格培养、意志磨炼、行为养成、品格定型和精神升华。

3. 整体性原则

雷锋职业精神与高职校园文化的融合是一个系统工程，所以，要整体规划，做好顶层设计，充分利用地处雷锋故乡这一良好的资源优势，在各校区的整合过程中重塑理念，在新校区的建设中体现雷锋职业精神这一核心的校园文化，在制度建设中固化雷锋职业精神的培养，在大学生的思想政治教育中注重雷锋职业精神的养成，达到学校自然文化景观与人文文化景观相和谐；传承学校历史文化底蕴与高扬时代精神相和谐；学校文化建设与社会文化发展相和谐；办学行为、办学特色与办学理念相和谐。同时，要充分发挥师生在雷锋职业精神与校园文化融合中的主体作用，努力形成全员参与、群策群力、齐抓共建的良好氛围，让师生在参与中建设，在建设中接受熏陶和教育。

4. 实践性原则

雷锋职业精神与校园文化建设的融合要注重全员参与，注重养成和实践；所以，要经常性地开展符合学生特点、能引导学生全面成才、学生参与性强、深受广大学生喜爱和支持的校园主题文化活动，要注意发挥学校、班级、学生、家长及社区各方面的积极性，通过活动，逐步形成规范、和谐的校风，科学务实的教风，兴趣浓厚的学风，进取向上的班风。

5. 与时俱进原则

雷锋职业精神与校园文化的融合要与时俱进，要发掘雷锋职业精神的时代内涵，在学校文化传统的重新发现、认定和弘扬中融合雷锋职业精神。校风、教风、学风的建设，既要弘扬主旋律，传承优秀的民族精神，又要体现雷锋职业精神。校训、校歌、校徽、校标和雕塑的设计既要体现学校特点和以学生为本、以德育人的教育理念，又要体现雷锋职业精神这一特色的校园文化。

三、路径方法与模式构建

（一）融合路径

雷锋职业精神与高职校园文化的融合，关键在于理念认同，要将雷锋职业精神融入到学校的办学理念之中，并纳入课程，贯穿教育教学全过程。雷锋职业精神与高职校园文化的融合，还要注重环境育人，在环境中呈现雷锋职业精神，将雷锋雕塑、雷锋日记、雷锋故事等融入环境布置中，让师生随时随地受到熏陶，受到感染。雷锋职业精神与高职校园文化的融合，还要将雷锋职业精神贯穿于校园行为养成中，这样有助于推动优秀校园道德行为文化建设，有助于将文明与道德素养内化为师生的思维方式和行为习惯，这也是将雷锋职业精神融入校园文化的目的所在。雷锋职业精神与高职校园文化的融合，必须保持定力，久久为功，成为学校长盛不衰的文化标志，要做到这样，必须用制度来保障，要把雷锋职业精神融入到制度文化中，在各种制度规范中体现雷锋式职业人的要求。因此，纳入课程、植入校园、载入活动、融入管理是雷锋职业精神融入校园文化的基本路径。

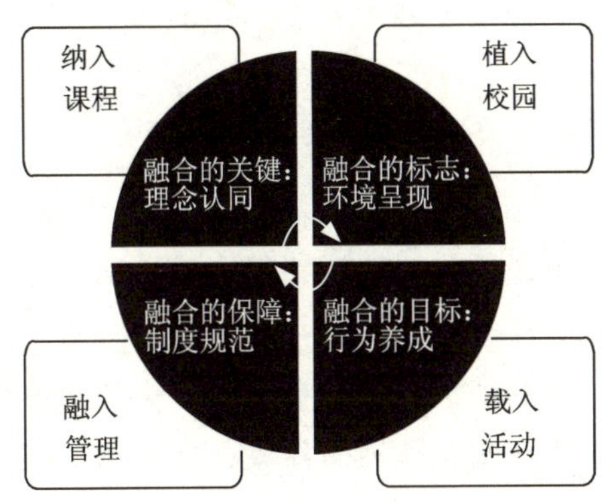

图6　雷锋式职业人融入校园文化的路径示意图

（二）融合机制

1．运行机制

为保证雷锋职业精神与校园文化的有效融合，构建雷锋式职业人培育和校园文化建设的长效机制，学校首先必须打造切实可行的运行机制。

（1）成立领导小组，统筹协调雷锋式职业人培育工作。学院应成立雷锋式职业人培育工作领导小组，负责规划制定、整体协调等工作。组长由书记和院长担任，副组长由其他院领导担任，成员包括各部门负责人。

（2）成立“雷锋职业精神教育科学研究基地”，负责日常研究与实践等工作。基地应该以“雷锋职业精神时代价值及培育对策”为主题开展调查研究、文献研究，高度提炼概括“雷锋式职业人”概念内涵、培养目标、培养内容、素质指标、测评体系等，为雷锋式职业人培养提供理论支撑；负责构建雷锋式职业人职业品质内容体系和职业品质培养体系；制订

“雷锋式职业人学生培养方案”和“素质训练工程实施方案”。具体实施由相关部门分工负责。

（3）成立“雷锋式职业教育联盟”，结盟共建培育基地。为争取多方力量支持，学校必须联合政府、其他院校、企业行业、社会组织等共同参与，走“政校企社联动”的道路。

2. 评价机制

为检验雷锋式职业人培养的成效，树立典型，发挥示范引领作用。各高职院校可以创建“雷锋号”先进集体即“雷锋号”寝室、“雷锋号”班级、“雷锋号”实训室，评选“雷锋式”先进个人，即学习型、服务型、协作型、创新型“学雷锋先进个人”、“学雷锋标兵”、“学雷锋先锋”，以营造出浓厚的学雷锋氛围。

3. 保障机制

为了保障雷锋式职业精神与校园文化的融合长期化、规范化、程序化，高职院校必须用雷锋职业精神指导职业院校制度体系的建设，把雷锋职业精神的核心思想贯穿制度体系的各个环节，在制度文本内容中融入雷锋职业精神的元素，在制度执行过程中加强雷锋职业精神的培育，在制度文化形成过程中促进雷锋职业精神的养成。这样，既能保证学校办学方向不偏离社会主义核心价值观的轨道，又能在制度运行过程中凝聚学校文化精神，促进师生良好素质的养成。

（三）融合模式

1. 将雷锋职业精神根植于校园理念文化中

校园理念文化是校园建设的核心和灵魂，它是历代师生传承和创造所积累的精神成果。理念文化主要包括理想氛围、道德意识、价值观念和求知风气等因素，校园理念文化一旦被全体师生所认同，就会成为这个群体的规范，每一个成员会自觉地把它作为奋斗目标和行为准则而身体力行。理念文化又具体体现在学院的办学理念、校训、校风、教风、学风、校歌和学院精神等方面。雷锋职业精神从本质上讲，也是一种理念文化，促进其与校园理念文化的融合，需要以价值认同为纽带，深度挖掘共同的精神内涵。

（1）植入理念，形成雷锋职业精神与校园理念文化融合的支撑点

理念是实践的先导。高职院校的理念文化是校园文化建设的最高要

求，决定学院发展的高度和速度。《职业院校管理水平提升行动计划（2015—2018）》（教职成〔2015〕7号）中提出要实施“文化育人创新行动”，要求职业院校要“营造以文化人的氛围，从学校理念、校园环境、行为规范、管理制度等方面对学校文化进行系统设计，充分发挥学校文化育人的整体功能”，学院的创新发展需要构建体现现代职教思想、职业特色、学校特色、可传承发展的校园理念文化，将雷锋职业精神植入校园理念文化，既是校园理念文化方面的创新之举，也打造了学校校园文化的特色与亮点。

①加强顶层设计，将雷锋职业精神植入理念文化。正如习近平总书记所说，“雷锋精神是社会主义核心价值观的生动体现”，它代表了先进文化的前进方向，是整个民族、整个社会、整个时代的精神财富。雷锋精神产生于湖南，也培育了一大批优秀的湖湘职业人。雷锋身上所体现的爱国、责任、高效、敬业、创新、诚信、友善、奉献的品质正是时代所呼唤的、企业所重视的职业精神。高职院校应当深度挖掘和传承雷锋职业精神，以此培养雷锋式职业人，就是培育体现职教思想、职业特色、学校特色、可传承发展的理念文化。为此，学院管理者应高度重视，加强顶层设计，将“培养雷锋式职业人”定位为学院育人理念，写入学院章程，列入学院办学指导思想，纳入学院理念文化体系，使之对内形成凝聚力、向心力，对外形成核心竞争力和品牌。

②发挥教师主导作用，为雷锋职业精神营造融合氛围。“师者，所以传道授业解惑也。”两千多年前韩愈在《师说》中对“教师”所下的定义，每一位教育工作者都耳熟能详。“传道”是教师的首要任务。“道”在今天的校园而言，也就是理念文化。当前，高职院校的教师不同程度上存在着不注重“传道”只注重“授业”的现象，即重视专业知识和技能考核，而漠视职业精神和职业道德的养成。只有充分发挥教师主导作用，使之“传道”与“授业”并重，才能为雷锋职业精神融合营造良好的氛围。教师要自身正道，以身传道，即拥有良好的教风，以引导学风，促进校风。教风是教师道德、才学、作风、素养、治教的集中反映，是教师整体素质的核心。雷锋职业精神所倡导的品质正是促进良好教风形成的基础。一个“感恩、自信、友善”的教师，才有能力去爱学生；一个“主动、勤奋”的教师，才能掌握扎实本领，教好学生；一个“敬业、创新、协作”的教师，

才能不断进步，培育人才。教师以自身良好的教风践行雷锋职业精神，必将在学校扬起一面崇高的精神旗帜，熏陶、激励和潜移默化地影响学生。

③突出学生主体地位，使雷锋职业精神实现全面覆盖。高职院校的培养目标是高素质技能型人才。高素质是前提，是基础，也就是说，高职院校培养出来的学生首先必须适应岗位需求和职业要求，具有良好的职业道德、职业素质。雷锋职业精神涵括了职业理想、职业态度、职业责任、职业纪律、职业作风等，是对职业院校学生职业素质要求的全面概括，也是学院优良校风、学风的集中体现。各高职院校可以通过开设素质训练课程、开展日常管理训练和社会实践活动来培养学生的“雷锋职业精神”。教育中要突出学生主体地位，扩大教育覆盖面，既有利于雷锋职业精神的传播，也必将促进校风、学风的建设。学生在这样的理念文化环境中，逐渐受到熏陶直至产生共鸣，将自觉规范思想和行为，提升思想道德品质和能力水平。

（2）多维布局，提高雷锋职业精神与校园理念文化的结合度

校园理念文化具有积沉性、隐渗性、持久性，它是学院在长期办学历程中通过全体师生的实践活动所形成的，它既有内容的深度，又有范畴的广度，师生员工一切教育教学活动所产生的心理和观念都与之相关。雷锋职业精神要融入这一体系，需要多维布局，全面结合。

①课堂内与课堂外相结合。理念文化究其根本是一种意识形态，需要一定的载体呈现、传播。校园理念文化传播的主渠道还是在课堂。而职业院校的理念文化必须与专业教育教学相结合才能具有旺盛的生命力，否则就不可能长久。雷锋职业精神是优秀职业人必备的职业品质。一方面，要借助“雷锋式职业人素质训练”公选课加强专题训练；另一方面要在思政课和班会课中增加雷锋职业精神等相关内容。课堂外，要将雷锋式职业人教育理念融入专业知识讲座、职业技能大赛等专业活动之中，融入丰富多彩的社团活动中，融入品位高雅、反映时代精神的校园文化活动中，使学生在活动中受到潜移默化的影响。同时，要最大限度地整合高职校园可利用的资源，形成具有本校特色的精神文化品牌，使之成为高职院校校园理念文化活动的主流。

②“网上”与“线下”相结合。据《第35次中国互联网络发展状况统计报告》统计，截至2014年12月，我国网民规模达6.49亿，而且手机

上网的比例远远超过 PC 机上网比例，大中专院校学生成为主要群体。网络成为活跃在他们现实生活之外的“第二世界”。顺应互联网发展“新常态”，雷锋职业精神与理念文化的融合应把握“新趋势”，采取“新举措”，抓住“网上”动态，也不放过“线下”常态。目前，高校校园网络和微信公众账号以及微博等网络平台一直处于比较活跃的状态，师生关注度比较高，互动也比较频繁，可以借助这些平台开设相关主题栏目，促进雷锋职业精神与理念文化的融合。一是加大校园门户网的“学雷锋活动专题网站”和“雷锋素质训练网校”建设，丰富雷锋职业精神相关主题；二是在微信公众账号开设“职业人”栏目，在微博发布职业人故事、职业人语录、职业人品质介绍等深化师生对雷锋职业精神的认识，并借助其评论功能，在互动中感悟，在交流中提升，形成育人合力。同时，“线下”的常态宣传也不能放松，要在传承中发展。学院的宣传橱窗、广播站、电子屏、各级各类刊物等文化阵地要充分体现融合，保持传统优势，发挥重要作用。

③校园内与校园外相结合。职业院校的人才培养目标与宗旨，决定了对学生的培养与教育不能局限在校园内教育教学，必须下企业、入工厂、进基层，接受企业文化的熏陶。企业文化也是职业院校理念文化中十分重要的一个方面。现代企业文化包含企业生产经营中的价值观念、思想作风、思维方式、奋斗目标等。雷锋职业精神也是企业文化共同的价值遵循，能为企业新员工尽快融入企业集体奠定基础。为此，要利用学生到企业进行实践实习的时机，加强雷锋职业精神的宣传教育，注重思想引领和行动导向，让学生观察、实践、体会、反思，使其对雷锋职业精神的认识从理论深度上升到行动高度。

（3）推出成果，赢得雷锋职业精神与校园理念文化融合的认同感

理念的科学性关乎是否经得起实践的考验。雷锋职业精神要与校园理念文化融合并获得师生认同，就应该让大家切实感受到它不是挂在嘴边的口号，而是落在实处的行动。采取切实行动，推出优秀成果，增加师生的认同感。

①编写校园文化手册。校园文化手册是对学院文化的整体建塑，它既是宣传的有效载体，又是理念文化建设成果的集中展示。高职院校可以编写《我们的“职场雷锋”》《做雷锋式职业人行动手册》类似的学院理念

文化、环境文化、行为文化、制度文化、校情校史，让雷锋式职业人的育人理念、先进典型等都将得到全面系统的介绍与展示，全院师生也就有了价值遵循和行为规范的共同范本。

②选树一批“雷锋式职业人”先进典型。榜样的力量是无穷的。沐浴雷锋职业精神成长起来的“雷锋式职业人”先进典型应当成为师生学习的榜样。这一榜样，可以是敬业创新、作风优良的领导干部，可以是主动勤奋、默默耕耘的普通教师，可以是友善协作、任劳任怨的工勤人员，可以是感恩自信、尚学笃行的优秀学生。他们既是雷锋职业精神的践行者，又是学院校训、校风、教风、学风和精神的创造者。他们身上集中反映了雷锋职业精神与理念文化的相得益彰，选树一批又一批这样的典型，通过多种途径加以宣传介绍，将以点带面，推动全院校园文化的大融合大发展。

③加速“雷锋式职业人培养联盟”进程。“全国职业院校雷锋式职业人教育联盟”主要成员包括致力于培养雷锋式职业人的中高职院校、校企合作企业、教育职能机构等。“联盟”的成立将进一步深化和完善雷锋式职业人的培养模式，提高职业院校传承雷锋精神的针对性和实效性，并为全国职业院校学生和全社会的劳动者掀起“做雷锋式职业人”的新潮流提供理论支撑，为践行社会主义核心价值观提供有效载体。加速联盟成立进程，必将促进雷锋式职业人的理念文化形成特色品牌，成为对外的核心影响力和竞争力。

2. 将雷锋职业精神呈现于校园环境布置中

作为大学文化传承的重要载体和途径，校园环境文化的建设对提高大学生的综合素质有着不可替代的作用。加强校园环境文化建设，对于从理性上全面认识和把握其与大学生文化素质教育的关系，科学地分析、研究、确定它的固有价值与地位，有着重要的理论和实践意义。校园环境文化不仅是一所学校教学思想和价值取向的直观体现，更是培养学生修养、情操的重要途径。用雷锋精神引领校园文化建设，将雷锋职业精神与校园环境文化相融合，既是传承历史，又是创新之举；既是深入推进学雷锋活动的时代化、职业化、常态化的有力举措，又是校园文化建设的特色与亮点。高职院校在校园环境文化建设方面，应根据“绿色、清雅、和谐”的原则，加强校园自然环境建设，为师生创造有利于学习、工作、生活和娱乐的优美环境；另一方面，在建设校园环境过程中，要通过景观设计、环境布置、标识命名和网络媒体等途径，采取既用硬件载体呈现，又用软环境渗透的方式，彰显高职院校传承和发扬雷锋职业精神的主基调。

（1）在景观设计中以雷锋雕塑作为校园环境文化的亮点

①找准雷锋雕塑的语言定位。雕塑作为一种空间造型艺术，它的表现力与感染力是强烈的、丰富的，它用自己特有的立体造型，来展示其独特的语言。雕塑的表现主题和表现形式，即是雕塑语言。要通过雷锋雕塑将雷锋职业精神融入校园环境文化，就必须明确雕塑的语言定位。笔者认为，该雕塑应该是纪念性雕塑与寓意雕塑的融合，即它的表现主题，既是对雷锋的纪念与缅怀，又是“艰苦朴素、刻苦钻研、乐于创新、敢于实践”这一雷锋职业精神的生动体现。因此该雕塑不能只用雷锋头像或者站立的雷锋作为表现形式，而应该用寓意更丰富的雕塑造型，更好地切合雷锋职业精神的主题，形成传达雷锋职业精神的语言定位。

②在整体景观设计中以雷锋雕塑为亮点。雕塑必须融于一个校园空间环境，即与校园环境、建筑相匹配，否则雕塑的艺术效果会受到影响，甚至使周围环境被破坏。因此，雷锋雕塑既要与周边空间环境相协调，又要符合雷锋职业精神这一人文环境的主基调。成功的校园雕塑应与它所处的空间环境和人文环境形成一个有序的整体。在此基础上，在整体的景观设计中应以雷锋雕塑为亮点，将其作为校园特定空间的标志性景观，同时使之成为校园环境空间的重要节点，从而使校园具有清晰的空间结构，并增加校园空间的凝聚力，让师生在其中获得一种激励和感召。

（2）在环境布置中彰显雷锋职业精神的整体基调

前苏联教育家苏霍姆林斯曾说过：“教育的艺术在于使器物——物质和精神财富能起到教育作用。依我们看，用环境，用学生自己周围的情景，用丰富集体生活的一切东西进行教育，这是教育过程最微妙的领域之一。”校园环境建设是承载校园文化精神的主体，是校园精神的物化形态，环境布置的过程就是一部立体教科书的编写过程。因此，要将雷锋职业精神融入校园环境文化，就要从建筑内和建筑外两个方面，在环境设计上嵌入雷锋职业精神。

①建筑内的环境布置。教室是课堂的主要阵地，是学生在校生活的主要空间。

而作为高职院校，实训室承担着比教室更重要的功能，学校很大一部分课程的课程教授和学生体验都集中在实训室，学生也在教室和实训室学习相关专业的知识和技能。教室和实训室是必不可少的硬件条件，更是无可替代的工具资源，而其环境布置，完全可以作为一种显性的课程资源。物理环境需要赋予一定显在的意义之后才成为课程，这就需要我们把教室环境当作一种课程去布置和开发。学院可以将教室和实训室的课程类型进行整理，按照每一类课程最需要的基本素质，悬挂与其相对应的雷锋名言或者倡导学习雷锋的名人名言，使之表达与显性文本课程和实操课程同样的理念，同时体现练就雷锋式职业人本领的价值取向，使室内环境与学院的人文底蕴和培养目标相契合。寝室和食堂是师生生活的重心所在，在环境布置过程中可以在食堂内的墙壁、寝室内的走道悬挂雷锋日记中与职业精神相关又贴近生活的语句，让师生能在日常生活中体会到雷锋职业精神的内涵，时刻接受雷锋精神的熏陶。

②建筑外的环境布置。现代大学生早已经走出了教室、食堂、寝室三点一线的狭小生活圈，他们追求全面发展，需要更广阔的自由空间，体育场、绿化带、林荫路都是他们校园生活的重要组成部分。在校园内设置随处可见的雷锋语录，是雷锋职业精神的倡导和弘扬从室内到室外的延伸，也是师生在感受校园自然景观的同时，体会学院环境文化最直接的方法。

（3）在楼栋与道路的命名和标识中嵌入雷锋职业精神

①在命名中体现雷锋职业精神的精髓。楼栋与道路是一个学校整体结构的骨架，在统一命名中嵌入雷锋职业精神，可以从宏观上定格学校建筑的人文基调。学院可以对校园内的楼栋和道路做出整体规划，在命名中体现雷锋职业精神的精髓。可以根据每一栋建筑的使用功能结合雷锋职业精神中的不同内容予以命名。例如实训室的功能在于提供实训场所，让同学们不怕失败，在一遍又一遍的实际操作中理解和消化专业理论知识，那么实训楼的命名就应该体现雷锋职业精神中刻苦钻研的内涵。

②在校园标识中展现雷锋职业精神。在完成校园建筑和道路的命名后，学院应当在建筑和道路入口悬挂命名标识，同时在校门口树立校园建筑和道路整体标识指示牌，并在各个岔路入口树立指引标识。如此一来，雷锋职业精神在校园建筑骨架中展露无遗，一方面让学院师生能有良好的融入感和认同感，另一方面让外来人员在第一次接触中便对学院的人文环境有一个直观、整体的了解和把握。

（4）在网络媒体的软环境中渗透雷锋职业精神

①在学院官方网站中融入雷锋职业精神的元素。官方网站是学院对外开放的窗口，更是学院的一张“名片”，在这个高度信息化的社会里，网站是最直接、最快捷的宣传手段。网络的超时空特性，能让师生查阅与学院相关的信息，更能让校外的社会人士通过网站上的内容一睹学院的风采。因此在学院官方网站中添加雷锋职业精神的元素，是建设软环境的重要手段。一方面，学院可以在官网首页的背景图片中添加雷锋图像和雷锋职业精神的内涵；另一方面，学院可以开辟一个专门的内容模块实时上传学院与雷锋精神校园文化建设相关的内容。

②在微博、微信等新媒体中宣传雷锋职业精神。微博、微信等新媒体具有推送快捷、用户接受度高等特点，无疑是校园文化软环境建设的重要阵地。学院可以开设官方微博、微信，定期宣传雷锋职业精神，一方面可以将雷锋职业精神的内容细分为多个专题，使内容细腻而丰富；另一方面可以结合雷锋职业精神的内涵，树立典型，让师生在推送信息中能看到身边的老师同学的身影，提高师生的参与度。

3. 将雷锋职业精神贯穿于校园行为养成中

崇尚爱国、责任、高效、敬业、创新、诚信、友善、奉献的雷锋职业精神与积极向上、文明、健康的校园行为文化所要求的是一致的，将雷锋职业精神融入校园行为文化建设有助于推动优秀校园道德行为文化建设，有助于将文明与道德素养内化为师生的思维方式和行为习惯。

（1）规范行为，在学生日常学习生活中渗透雷锋职业精神

在日常生活、学习、工作中要不断引领学生及教师更加深入地了解和学习掌握雷锋职业精神的本质和基本内涵，使同学们不但能自觉地严格要求自己，用雷锋职业精神指导自己的日常生活，同时能够以自身的行为影响更多的人。

①以教室为中心，营造良好学习氛围。雷锋勤奋好学，对自己所从事的专业精益求精，刻苦钻研专业知识，力求做到业务精良。我们也要积极引导学生认真学习和钻研专业知识，养成良好的学习习惯。教室是学生的主要学习场所，应该通过制定一些相关的学习时间制度、教室行为规范等培养学生合理安排学习时间的能力，约束一些懒散、随意的行为，营造良好的学习氛围。一是建立“早、晚自习”管理制度。从大一学年开始，制

定每周一至周五早自习点名制度，实行严格规范的奖惩措施，让学生摆脱懒散赖床、上课迟到的痼疾；晚自习采取自愿、签到相结合的方式，每个系部安排一部分教室区域进行自习，学生组织负责签到，记录可作为个人和集体评优的依据，辅以专项奖励。二是制定教室行为规范，严禁在教室吃零食、睡觉、谈恋爱等行为，安排教室值日组，对教室进行随机巡查登记，并将记录纳入个人和集体评优范围，通过采取制度激励机制，培养学生的时间观念和纪律意识，形成良好的学习风气。

②以宿舍为阵地，倡导健康和谐的宿舍文化。在学生宿舍中规范学生的日常生活习惯和行为举止，通过寝室文明公约、文明知识问答、“雷锋宿舍”评比、雷锋宿舍展示、寝室之间的文明行为辩论赛，寝室内部的文明行为打分等形式，让学生理解讲文明的重要性，增强讲文明的紧迫感和追逐感。同时加大对不文明行为，如使用违规电器、上课穿拖鞋、吃早餐、玩手机、迟到旷课、考试作弊等的惩罚力度，从源头上杜绝同类行为的发生，培养学生文明、有序、守纪的行为习惯。此外，要利用开展“雷锋宿舍”建设活动的时机，将雷锋积极主动、团结协作的优秀品质融入宿舍文化建设当中，倡导团结友爱、互帮互助的良好风气，积极健康的生活态度，用优秀典型的力量，引导学生积极营造勤奋学习、快乐生活、乐观向上、和谐健康的宿舍文化。

③以食堂为宣传窗口，树立勤俭节约的优良作风。雷锋一贯坚持艰苦朴素的优良作风，总是省吃俭用，将自己的工资节约起来，帮助需要帮助的人。新时期的大学生在物质生活方面已经得到了满足，但仍然要养成勤俭节约的好习惯。食堂是学生日常消费比较多的地方，学院应该以此为窗口，引导和培养学生养成节约的好习惯。除了可以采取张贴和摆放不浪费粮食、不乱扔垃圾、遵守校园生活规则等宣传标语和宣传画，学院还要在完善规章制度上下工夫。首先，建立起一套能有效防范用水浪费、用餐浪费的管理制度，确保在日常管理过程中有专门的制度来规范学生的用水、用餐行为，做到“行为制度化”；其次，安排专门的部门、人员来负责监督执行，做到“浪费有人管”；再次，及时纠正和制止各种浪费行为，做到“浪费及时管”；最后，营造每个人都参与杜绝浪费的氛围，做到“浪费大家管”，确保管理制度能够深入人心、落到实处、真正见效。同时，还应号召同学们从小事做起，从自身做起，向雷锋同志学习，不铺张不浪

费，发扬勤俭节约的“补丁”精神，建设积极向上的校园文化。

（2）打造载体，在学生文化活动中植入雷锋职业精神

文体活动是校园行为文化的重要组成部分和突出外在表现形式。雷锋在工作中注重实践，勇于把个人的知识和经验投入实践，他在实践中学习技能、在实践中增长了为人民服务的本领。我们要通过积极开展与雷锋职业精神相契合的校园文体活动，用雷锋职业精神塑造学生的道德品格和职业品质。

①在班会、团日活动中融入雷锋职业精神。首先应将信念教育融入班级建设中。坚定的信念是雷锋职业精神的根本支撑，通过主题党日、团日、班日活动，在学生中开展信念教育，使同学们成为学习积极分子，引导他们自觉将爱国之情、报国之志与个人发展相融合。其次，可以围绕“感恩与奉献”、“勤奋与敬业”、“高效与责任”、“主动与协作”、“谦虚与豁达”等内容定期开展主题班会、团日活动，活动应该灵活地分散安排在每月定期进行，要通过常态化、长效性的活动让同学们领会雷锋职业品质的内涵，并将其内化于心，外化于行。最后，可以设立班级周末志愿日，组织学生开展义务照顾残疾儿童、关爱孤寡老人等志愿活动，增强大学生服务他人、奉献社会的责任意识。

②在社团活动中融入雷锋职业精神。雷锋同志无论是当拖拉机手、推土机手和汽车兵，都在学习上勤奋努力、业务上精益求精，具有锐意进取、自强不息的创新精神；在工作中懂得人际协作、关心战友、爱护群众。学校要充分利用社团这一平台开展各类活动，并在活动策划、布置、实施过程中有意识地加入职业素质训练活动，将雷锋的职业品质融入到活动中，让学生通过活动学会管理自己，学会处理好社团内外的各种关系，调动学生参加活动的积极性，增强学生团队意识，培养学生独立思维能力和创新能力。例如，文学社可以开展“我身边的雷锋”征文大赛、演讲大赛等；书画社开展学雷锋手抄报大赛；舞蹈社可以开展雷锋主题晚会等。

③以雷锋职业精神为引领，广泛开展志愿服务活动。感恩与奉献是雷锋的职业品质之一，这其中涵盖了助人为乐、不计回报为人民服务的志愿服务精神。开展志愿服务活动是引导广大学生积极传承雷锋精神、发挥先锋模范作用的一个重要载体。学校可以以志愿者组织为依托，吸引和团结学院青年积极参与社会实践活动，并鼓励广大教师主动加入志愿者队伍，

普及志愿服务理念，精心设计开展形式多样的志愿服务活动，将雷锋职业精神融入到各类活动当中，营造我为人人、人人为我的良好校园风尚。比如，积极组织学生志愿者参与国内重大活动的服务，使他们在服务过程中感受和理解雷锋精神实质；与社区共建志愿服务站；开展学雷锋志愿服务队、暑期“三下乡”活动等。同时，要鼓励学生参与志愿者组织招募和管理，让全院师生中的“活雷锋”都参与志愿活动，用他们的点滴行动播撒雷锋精神，积聚向善的道德力量。

④在校园品牌文化活动融入雷锋职业精神。将“爱国、责任、高效、敬业、创新、诚信、友善、奉献”的雷锋职业品质作为各类校园品牌文化活动的宗旨，在实现活动目标，促进学生的专业发展、能力提升的同时，拓展学生素质，提高他们对雷锋职业精神的认同感，使他们成长为有爱国情怀、诚信品格、奉献精神和适应能力的全面人才。一方面可以开展学雷锋主题活动，如以“感动校园”为主题开展学雷锋创评活动，创建“雷锋号”寝室、班级、实训室；评选“学雷锋先进个人”、“学雷锋标兵”、“学雷锋先锋”等先进集体和个人；开设雷锋式职业人素质训练营，开展系列素质训练活动，让学生领悟雷锋品质的真谛。另一方面，用雷锋精神为大型校园文化活动冠名，如“感恩杯”社团文化艺术节、“协作杯”田径运动会等，用雷锋职业精神凝聚人心，提升活动质效。

（3）创新方法，在学生实训实践中培养雷锋职业精神

校企融合是职业教育的特色，而实践实训、顶岗实习和就业实习是高职院校学生最重要的培养环节，也是强化学生职业道德和职业素质的良好途径。雷锋干一行、爱一行、钻一行、专一行，在任何岗位都发扬“钉子”精神，靠挤劲和钻劲干好每一份工作。这正是我们高职学生在实习实训过程中所需要的。将雷锋职业精神融入校企融合行为文化建设当中，培育具有雷锋职业精神的新型职业人也是职业教育的终极目标。

①发挥模范典型的示范表率作用，引导学生树立正确的职业观。身边典型的引导作用更加直观，要充分发挥其在企业、行业以及专业实践方面的优秀模范人物的示范表率作用。一是要发挥职业人的典型引导作用。通过主动邀请社会各行业、企业，特别是学生将来从事的相关行业、企业中的具备雷锋职业品质的先进模范人物到学校给学生作专题报告或讲座，用他们的实践经验和良好的职业精神感染和激励学生。二是要发挥专业教师

的典型引导作用。教师的一言一行都会对学生产生经常性的、直接的、长期的、潜移默化的影响。专业教师作为直接传授学生技能知识、指导学生开展实训实践的教授者，必须具备扎实的专业知识和丰富的实践经验。学校应该在教师培育上下工夫，通过让教师深入企业或生产第一线，积累实践经验，体会职业精神，塑造一批专业功底深厚、实践技能扎实、善于思考、善于创新的教师典型，为学生作表率，引导学生成长成才。三是要发挥学生的典型引导作用。学校在用雷锋职业精神和具有雷锋职业精神的先进典型来教育学生的同时，尤其要注意总结和发掘学生身边的典型人物，用具体可感的事例教育、感染和激励学生，潜移默化地影响学生在实践中的行为。

②借助实训行为规范的约束和规范作用，培养学生良好的行为习惯。高职院校应把雷锋式职业精神纳入专业实践教学规范中，从课堂实际操作、技能培训、技能考核等方面融入雷锋职业精神的要求，通过制定技能实际操作规范、培训要求、考核标准等规范学生在专业实践中的行为，帮助他们养成高效、有序、精确的行为习惯，同时加深他们对雷锋职业精神的认识，并用雷锋职业精神指引他们成长，逐步在专业实践学习过程中，成熟为具备敬业、责任、进取、合作、忠诚、创新、高效和服务品质的职业人。

③利用校企合作平台的工学结合培养模式，有针对性地开展职业精神教育。不同的行业、企业对于人才的职业素养和能力水平要求都有所不同，我们应该根据行业特点，将雷锋职业精神融入大学生职业素质教育，有针对性地开展职业精神教育。校企合作为高职院校人才培养提供了市场导向，我们在培养学生的过程中要根据企业和市场需求制定培养方案，将企业行业标准纳入技能考核标准当中，指导学生制定职业规划，做有理想有目标的职场新人。专业实践、顶岗就业实习等机会，可以培养学生勤奋与敬业的品质，教育和引导他们在工作中要学习和发扬“钉子”精神，用“挤”劲和“钻”劲学习专业知识，精益求精，做到业务精良，具有创新精神；培养学生主动与协作的品质，在工作中积极主动，懂得与人协作，关心同学、同事等；培养学生高效与责任的品质，懂得珍惜时间，学会科学管理时间，充分利用时间，对自己、对工作负责。

4. 将雷锋职业精神固化于校园制度规范中

校园制度文化是由学校制度所承载、表达、衍生和推动的文化，它是一所学校渗透在体系架构、规章制度、工作流程、岗位职责中的价值观念和风格特色，也是在生成和执行各类制度的过程中折射出的价值取向和行为准则。我们日常生活和工作中以文本、书面或电子文字等形式呈现出来的制度实际是表层制度文化，是学校制度文化的实体层面。校园制度文化在校园文化体系中，是联结学校理念文化、行为文化、环境文化的桥梁和纽带，它既是学校理念文化的延伸和具体物化，又对学校理念文化、行为文化、环境文化的形成和发展具有规范、保障、约束和塑造功能。加强雷锋职业精神与校园制度文化的融合，是促进雷锋职业精神与校园文化大融合的根本保障。

雷锋职业精神，就其内涵实质，也有一定的价值导向和道德约束属性，内化于心是人们对于自身道德要求、职业素质的一种价值取向、本质认同，外化于形也是一种对学习、工作、生活的态度和行为准则。从这个意义上讲，雷锋职业精神与学院制度文化的价值呈现殊途同归。

（1）嵌入雷锋职业精神，打造校园制度文化内核

制度建设是保障大学正常运转的重要基础，是学校的一项基本建设。离开了制度建设，师生行为就无法约束，学校管理将处于混乱无序的状态，学校的发展就会失去方向感。制度是学校文化和理念的一个载体，大学制度的建设从根本上讲是规范和塑造人们的行为习惯以及共同的行为准则。雷锋职业精神强调的“爱党、爱国的理想信念，服务社会、助人为乐的奉献精神，爱岗乐业、精益求精的敬业精神，锐意进取、自强不息的创新精神，艰苦奋斗、勤俭节约的创业精神”，都与社会主义核心价值观的价值体现、现代职业教育的素质要求、现代企业的文化取向非常契合。用雷锋职业精神指导职业院校制度体系的建设，把雷锋职业精神的核心思想贯穿制度体系的各个环节，在制度文本内容中融入雷锋职业精神的元素，在制度执行过程中加强雷锋职业精神的培育，在制度文化形成过程中，促进雷锋职业精神的养成，既能保证学校办学方向不偏离社会主义核心价值观的轨道，又能在制度运行过程中凝聚学校文化精神，促进师生良好素质的养成。

（2）融入雷锋职业精神，创新师德师风建设方式

师德师风建设是职业院校培养合格人才与和谐发展的必然需要，师德师风建设的内容和方向与学校文化所传达的原则和目标必须一脉相承。由雷锋职业精神引导师德建设的方向，外化于制度要求与行为规范，对职业院校师德师风建设尤为重要。

①将雷锋职业精神内涵融入师德师风素质要求。习近平总书记在2014年教师节发表讲话，要求教师争做有理想信念、有道德情操、有扎实学识、有仁爱之心的“四有”教师。我院根据习总书记的讲话精神，也出台了相应的师德师风建设要求。习总书记的讲话精神与雷锋职业精神一脉相承，既有共性，又有个性，雷锋职业精神的丰富内涵是“四有”教师的有益补充。将雷锋职业精神融入师德师风素质要求，形成有长沙职业技术学院特色的师德师风素质建设体系，培养独树一帜的“雷锋式教师”，是提高教师综合素质的有效途径，也是建设人民满意的高职院校的现实需求。

②建立雷锋式职业典型奖励机制。榜样的力量是无穷的，要建立“雷锋式”教师奖励机制，开展常态化师德师风学习活动。例如，定期召开师德师风表彰大会，大力宣传表彰教育教学实践中涌现出的优秀教师，开展“树典型，学先进，争做雷锋职业人”活动，在学院各个层次评选“雷锋式”师德标兵、优秀教师、师德先进团队等先进典型，并定期举办师德报告会、师生座谈会等；大力宣传其先进事迹，营造学做“雷锋式职业教师”的舆论环境，弘扬雷锋职业精神的正能量。

（3）渗透雷锋职业精神，提升学生职业素质培养内涵

学生职业素质是学生在社会活动中需要遵守的行为规范，是职业内在的规范和要求，是学生在职业过程中表现出来的生理和心理条件基础上的综合品质，包含职业道德、职业技能、职业行为、职业作风和职业意识等方面。雷锋职业精神的内涵覆盖了职业素质的各方面，将雷锋职业精神融入学生职业素质培养体系，能有效提升学生职业素质的精神内涵。

①在学生管理制度体系中融入雷锋职业精神。建议在学生管理制度及学生行为规范中体现雷锋职业精神，把雷锋职业精神的部分内容作为学生的基本素质要求，建立学生德育学分制度，健全“雷锋式集体”、“雷锋式个人”的评选标准和办法，完善学生“雷锋式职业人”训练体系，倡导学生“三下乡”、“进社区”志愿服务，在管理制度体系内容中，融入雷锋职

业精神；在管理制度体系执行过程中，发扬雷锋职业精神；在制度文化形成过程中，促进雷锋职业素质的养成。

②在专业人才培养模式中融入雷锋职业精神。一是要在课程体系设计中融入雷锋职业精神。既要在其培养目标中融入雷锋职业精神，又要在具体的课程设计中渗透雷锋职业精神。现在很多的企业不仅关注员工的职业技能，同时更加看重员工的诚信、协作等方面的职业素养。二是要将雷锋职业精神中热爱集体的理想信念、爱岗敬业的精神等融入到课程设计当中，潜移默化地影响和促进雷锋职业素质养成。在校内实训基地制度建设中融入雷锋职业精神。现代企业呼唤雷锋式职业人，现代企业文化、现代职业人的素质要求，都有着深刻的雷锋职业精神烙印。通过实训基地的制度建设，学生能够身临其境地感受到雷锋职业精神对企业建设发展的积极作用，深入体会雷锋职业精神与企业文化的紧密关系及其重要性，从而增强学习的自觉性和目的性。

第三章 “雷锋式职业人”师资培育模式

一、核心内涵与现实意义

（一）核心内涵

“百年大计，教育为本；教育大计，教师为本。”教师是组织教育活动的主体，培养雷锋式学生，必先培育雷锋式教师。培育“雷锋式教师”，让“雷锋式教师”言传身教培育“雷锋式学生”，“雷锋式学生”毕业后成为“雷锋式职业人”，这样就可以做到教学相长、薪火相传。

“雷锋式教师”核心内涵是什么？首先了解雷锋精神的时代内涵，2012 年 2 月中宣部将雷锋精神时代内涵界定为五个方面：热爱党、热爱祖国、热爱社会主义的崇高理想和坚定信念；服务人民、助人为乐的奉献精神；干一行爱一行、专一行精一行的敬业精神；锐意进取、自强不息的创新精神；艰苦奋斗、勤俭节约的创业精神。

高职教师应具有什么职业道德？2011 年 12 月教育部出台《高等学校教师职业道德规范》，核心要义是“爱国守法、敬业爱生、教书育人、严谨治学、服务社会、为人师表”，为高职教师在职业道德上制定了规范。2014 年 9 月习近平总书记在北京师范大学阐述了“四有”教师的标准，即“有理想信念、有道德情操、有扎实知识、有仁爱之心”，这为高职教师的职业规范提出了通俗简明、提纲挈领的要求。

结合习近平总书记对“四有”教师的要求、中宣部对雷锋时代精神内涵的解析和各级各类学校教师的职业道德规范，我们课题组提炼出：“雷锋式教师”是指已经将雷锋精神充分吸纳入自己的职业道德和实际行动之中的教师。“雷锋式教师”的职业道德规范有五个方面：热爱职教，爱党报国；以身立教，关爱学生；严谨治学，富于创新；爱岗敬业，乐于奉献；技能精湛，独具风格。

（二）现实意义

培育雷锋式教师是培养雷锋式学生的师资需要，是职业教育师资现状的发展需要，是提高职业教育质量的需要。

1. 培育雷锋式教师是培养雷锋式学生的师资需要

古语云："师者，所以传道授业解惑也。"现在，教师被誉为"人类灵魂工程师"，在教书育人、传播人类文明、培养合格人才、提高民族素质方面被委以重任，教师的品行和学术在一生的教学生涯中也影响着几代人。这就要求教师必须具有高尚的人格、扎实的知识、精湛的技能、仁爱的胸怀，也就是雷锋式教师的品格。只有培育大批教师成为雷锋式教师，才能满足培养雷锋式学生的师资需要。

2. 培育雷锋式教师是职业教育师资现状的发展需要

现今改革开放对原有社会意识形态的打破和市场经济的发展对人的原有道德观念的冲击，个人主义与拜金主义带来一定程度的社会失范、道德缺失、观念扭曲、心态失衡，教师也不例外。就教师群体来说，职教师资队伍较为突出。这与教师的职业精神和职业操守是不相符的，现实的职业教育师资现状呼唤建立教师职业规范，加强教师师德建设。

3. 培育雷锋式教师是提高职业教育质量的需要

提高职业教育办学水平和质量的关键在教师。没有一支高素质的教师队伍，就不可能有高质量的职业教育。神圣的使命使教师肩负着神圣的职责，肩负着教学和育人的责任，教师通过言传身教，培养出高素质与高技能的高职学生，从而实现高职的培养人才、服务社会的社会职责，满足人民群众对职业教育质量提高的需要。

二、理论依据与培育内容

（一）理论依据

1. 成人学习原理

由于年龄、心理、生理、环境等方面的差异，成人具有与儿童和青少年不同的学习特征。例如，在心理层面，成人的理解能力优于背诵；在生理层面，成人的生理条件随着年龄增加而逐渐退化，对学习可能导致负面的影响；在社会上，成人扮演着多元的角色，使得在学习的过程中容易遇到障碍，例如职业的变动，在学习活动中，成人本身就可以被当作学习资源，这种资源既能为自己也可以为他人所利用。成人学习的特殊性吸引了许多西方学者对成人学习理论的研究。美国教育家诺尔斯（Knowles）的成人教育思想是西方成人学习理论的主要代表。基于诺尔斯的成人教育思想，成人学习的主要特点可以总结为如下 4 点：学习自主性较强；个体生活经验对学习活动具有较大影响，成人的已有经验与新知识、新经验的有机结合使成人的学习更加有效和有意义；学习任务与其社会角色和责任密切相关；问题中心或任务中心为主的学习。

2. 教师反思成长理论

“经验 + 反思 = 成长”，是学者波斯纳提出的一个教师成长的公式，它清楚地揭示了反思在教师专业成长中的重要意义。没有反思的经验是狭隘的经验，至多只能形成肤浅的知识，只有经过反思，教师的经验方能上升到一定的高度，并对后继行为产生影响。美国的中小学优秀教师评价标准明确指出：教学反思是专业发展和自我成长的核心因素。我国新课程理念要求教师“在教学过程中要以研究者的心态置身教学情景之中，以研究者的眼光审视和分析教学理论与教学实践中的各种问题，对自身行为进行反思，对出现的问题进行探究，对积累的经验进行总结，使其形成规律性认识”。

其实，反思就是对自己的所作所为进行梳理，进行思考分析，从中总结经验教训，以便更好地成长和完善。教育离不开智慧，而只有不断反思，才能不断增长自己的教育智慧，使自己更好地胜任教育教学工作。但我们还要注意：经验是成长的财富，但是成才绝不是经验的简单相加；反思是成长的途径，但是一味的反思绝不会达到成功。反思是对自我的一种审视，既要反思成功的经验，更要反思失败的教训。善于反思是成功者的优良品质。借鉴别人，思考自己，留下精华，扬长避短，丰富自我。反思的过程，是对自我的锤炼过程，更是一个提升的过程。

3. 教师生涯周期理论

美国学者卡茨（Katz）将教师的职业发展分为以下四个阶段：求生存（survival）、巩固（consolidation）、更新（renewal）和成熟（maturity）。美国学者费斯勒（Fessler）提出了一套动态的教师生涯周期理论，把教师从入职到成熟的发展过程分为8个阶段：职前教育期、职初期、能力建构期、热情成长期、职业挫折期、职业稳定和停滞期、职业消退期、职业离岗期。美国学者伯林纳（David C. Berliner）提出教师发展5阶段发展观：新手、进步的新手、胜任、能手、专家。蔡培村提出教师职业生涯发展的5个阶段论：适应期（任教第1年）；能力建立期（任教2～5年）；成熟期（任教6～20年）；稳定期（任教20～30年）；后发展期（任教31年以上）。邵宝祥认为教师专业发展的关键是教育教学能力的发展，并将教师的专业发展过程分为4个阶段：适应阶段：从教1～2年内，教师初为人师，面对新环境，最重要的是使自己尽早适应教育教学实践，实现两个转变：一是由师范生向教师转变；二是教学知识向教学能力的转变。成长阶段：从教3～8年内，教师教育教学能力迅猛发展，掌握了一定的教育教学技能技巧，逐步向称职教师发展。称职阶段：也称高原阶段，一般在35岁以后，教师已基本具备了熟练驾驭教育教学工作的技能，业务评价较高。此阶段有两种趋向，有的教师由于个人抱负、情意品质、教育观念、知识结构等自身条件以及外部条件的限制，未能走出高原阶段，停滞不前，定型为“教师匠”；而有的教师通过个体的不断努力和外部因素的作用，最终突破“高原现象”，教育教学能力获得新的发展。成熟阶段：突破高原阶段的教师将进入教师成长的新阶段，成为骨干教师、学科带头人乃至专家型、学者型教师。

成人学习理论、教师反思成长理论、教师生涯周期理论等为对教师开展雷锋式教师培训提供了理论基础。

（二）培育内容

1. 热爱职教，爱党报国

“热爱职教，爱党报国”是指像雷锋那样有理想信念，对党和国家具有深厚感情，热爱人民，热爱社会主义，能以实际行动倡导和践行社会主义核心价值观，以满腔热情献身人民的职业教育事业作为爱党报国的具体行动。

教育工作对于教师来说首先是一种职业，是教师养家糊口的谋生手段，这就要求教师提高教学技能的熟练程度，成为合格的“教书匠”。但教育工作更是一种高尚的职业，是一项永恒的事业。

教育事业是维系民族生死存亡的事业，也是关系到国家兴衰成败的事业。教师要在自己的事业上有所成就，必须发自真心地热爱并追求教育事业。教师热爱教育事业，就要向它奉献出自己的一切，也只有这样，教师的人格才愈显高尚，教师的成就才愈显伟大。

教师的师德是教师的灵魂，师德是教师职业理想的翅膀。教师的工作是神圣的，也是艰苦的，教书育人需要感情、时间、精力乃至全部心血的付出，这种付出是要以强烈的使命感为基础的。一个热爱教育事业的人，是要甘于寂寞，甘于辛苦的，必须受得住挫折，全身心地投入到教学实践中去，正如著名教育家陶行知所说的“捧得一颗心来，不带半根草去”。

对教育工作的忠诚是支撑教师将教书育人当作终生事业的重要条件。忠诚自古以来就是一种美德，忠诚于祖国，忠诚于信念，忠诚于组织，忠诚于所爱的人，古今中外有无数这样可歌可泣的故事，如关羽千里走单骑，过五关斩六将，历经千辛万苦，也要回到故主门下，从而成了忠义的象征。

一个人既然选择了教师职业，就应该热爱教师工作，以对党和国家高度负责的精神，履行教书育人、传承文明的神圣职责，完成高职的人才培养、科学研究、社会服务的光荣任务。

2. 以身立教，关爱学生

“以身立教，关爱学生”是指像雷锋那样以身作则，遵循教师的职业道德规范和中华传统美德，以高尚的道德情操影响学生，爱护学生，做学生的人生导师和道德楷模。

古人解释说：“为师之道，端品为先。师道坏，则无贤弟子。”教师职业的特殊性质，决定教师的人格在整个教育过程中具有不可忽视的重要作用。孔子说过：“其身正，不令而行；其身不正，虽令不从，不能正其身，如正人何?”捷克教育家夸美纽斯也指出：“教师的职务是用自己的榜样教育学生。”古语也说：“善歌者教人习其声，善导者教人习其志。”教师应当是身正为范，以身作则。俄国教育家乌申斯基告诉我们：“任何章程和任何纲领，任何人为的管理机构，无论他们设想得多么精巧，都不能代替人格在教育事业中的作用。”一句话，要照亮别人，首先自己心中要有火种。教师要想不愧为“人类灵魂工程师”的光荣称号，就必须在人格塑造上勇于履行“以身立教，为人师表”的道德要求。

教育事业对教师人格提出的要求是非常高的。一名优秀的教师，除了必须以满腔的热情对待事业，对待学生以外，还必须自觉地、高标准地去塑造自身的人格。这里所说的“人格”，指的是一个人作为某种权利和义务的主体，在道德上应当具备的人品和资格。

一是尊重学生，爱护学生。不搞优差分化是教育中取得学生信任的关键，不管在课堂上，还是在课外都要求诚待学生，尊重学生，做到一视同仁。叶圣陶先生曾说过：“教育工作的全部就是为人师表。”由于年龄的原因，学生有自己一定的独立思维、一定的独立辨别和比较方法，如果教师台上夸夸其谈，台下不洁身自重，说一套做一套，言行不一，表里不一，那么学生就会对比教师的言行，慢慢教师就会失去威信，学生就不会听从教师，最后教师只能以“寡人”自称了。

二是爱护学生不是演戏，决不能搞“两重人格”。学生对教师特有的期望和信赖，往往使他们在观察教师时，产生一种放大效应，教师的一种小小善举，会使他们感到无比欣喜；教师的一点小小瑕疵，则会使他们非常失望。所以，教师必须对自己的人格修养提出严格的要求。只有真正发自内心的、表里如一的、言行统一的美好品德，才能在学生身上产生“随风潜入夜，润物细无声”的潜移默化作用，使他们受到教育和感染，引起共鸣和仿效。

三是修养人格，以身立教。教师应当使自己尽可能得到全面的发展，努力形成一种健康、美好、完整、和谐的人格。德与才的分离，言与行的相悖，大节谨慎而小节不拘，聪敏过人而举止轻浮等不良现象，对于一名希望成为优秀教师的人来说，都是应当尽量避免的。总之从事了教师的职业，就意味着整个人生航程将面临着人格上的挑战，必须鼓足勇气，义无反顾地朝着人格发展的新高度不断攀登。

3. 严谨治学，富于创新

“严谨治学，富于创新”是指像雷锋那样“干一行爱一行、钻一行精一行”，具有“钻”和“挤”的钉子精神，既有渊博而扎实的知识，又熟悉掌握教育教学规律和教学技能技巧，具有严谨治学、开拓创新的精神。

严谨治学，是教师在提高业务水平方面应遵循的原则，是教师完成教学任务必须具备的基本条件，也是呕心沥血传递人类文明和科学文化知识，忠诚教育事业、实现个人奋斗目标的实际表现，它倾注了对祖国、对学生的深情厚谊和对未来的憧憬与希望。著名教育家叶圣陶先生曾经说过：“教师对自己从事的教学工作抱什么态度，对掌握业务知识抱什么态度，这也是师德问题。”随着时代的发展，学习、合作、创新显得尤为重要。我们教师必须在业务上提高标准，不断学习新知识，探索教育规律，把严谨治学作为加强自身职业道德的重要内容。只有这样，学习才不会落伍，合作才会进步更快，创新才能永不败。

一是学而不厌，勤奋进取。教师既是教育者又是受教育者，在向学生传授人类科学知识的同时，自身也必须不断地勤奋学习，提高自身的修养和素质。学而不厌，勤奋进取，是必备的思想和学习品质，是教师的职业责任，同时也是敬业爱生，具有高度责任感的表现。学而不厌不仅可以掌握更多的现代科学文化知识，而且还能够陶冶情操，修养性格，磨炼意志，形成勇于进取，严谨治学的优良作风。

教师的思想政治素质和文化知识修养直接关系到学生的进步和成长，关系到学生整体素质的提高。教师应具有良好的思想政治素养，以自己坚定的政治信仰和政治观点去影响教育学生。因此，教师应刻苦学习马列主义，毛泽东思想和邓小平理论，学会用辩证唯物主义和历史唯物主义观点认识形势、分析问题，把个人的理想融于国家和民族的大目标之中，不断提高思想政治觉悟，在改造客观世界的同时，改造自己的主观世界，在塑造学生心灵的过程中净化自己的心灵。

教师只有掌握扎实的专业知识，才能为学生提供多方面的知识，才可能及时发现和培养具有特殊才能的学生，才可能做到“无所不知”。

教师光有丰富的知识还不行，还需要有很强的能力，能很好地将自身的知识传授给学生。能力，它是靠多种知识和智慧综合而成的，也是教师顺利完成教学任务的基本条件。现代教师只有具备多种能力，才能培养指导出适应社会发展和经济建设的复合型人才。教师能力主要是靠在工作岗位上加强学习，努力实践，不断总结，吸取他人经验等而获得的。

二是诲人不倦，认真授业。诲人不倦是教师敬业精神的突出特征。学生是教师精神生命的延续，是实现教师人生目标和人生价值的寄托。尽力做到“相信每个学生都能成功”，真心地对待每一个学生，细心地研究每一个学生，耐心地辅导每一个学生，教师感受到了工作的乐趣，也让学生感受到学习的快乐。

三是求实务本，任劳任怨。教育工作，是一个循序渐进的过程，不可能一蹴而就；是一个繁琐辛苦的工作，但也是一个极富乐趣、常做常新且充满创新与挑战的工作。因此，在工作中每一个教师都需要求实务本，任劳任怨，老老实实干出工作成效。

教师不仅要严谨治学，而且要求勇于创新。教师工作是创造性的工作。教育创新是时代主题，这就要求教师要有一种很强的改革意识，要有一种披荆斩棘、大刀阔斧的开拓精神，要有一种不迷信权威、敢于打破常规和传统的求异思维。归根到底，实现教育创新的基础和关键，是教师要有创新意识。

一是教育观念的创新。拥有相对成熟而又开放的教育观念，是教师走向成熟的基本标志。教师一方面立足自身教育生活经验的积累，不断反思总结、提升；另一方面，积极接纳外在的优秀教育理念，保持个人教育思想空间的源头活水，在个人教育经验与外在教育知识的不断交流碰撞之中，获得鲜活的教育理念的生长、生成。发展要有新思路，改革要有新突破，开放要有新局面，教育工作更要有创新思想和创新能力，在教育工作实践中要强化创新意识。

二是个人知识的创新。作为教师，知识更新的问题不再只是一种外在规定，而成了一种内在需要，敢于面对知识更新的时代需要，开放自己的知识结构，有选择地吸纳能提高个人综合素养、更好地引导学生的知识，以一种“活到老，学到老”的生存姿态，去实践“教学相长”这古老的教学格言。

三是教育行为的创新。教师的教育创新最终要落实到教师的教育行为之中，落实到教师的教育方式方法之中。当然，教师的教育行为创新，不是为创新而创新，而是在观念和知识引导之下的创新，是有内涵的创新。创新本身不是一种价值，只有当教师行为的创新真正体现时代教育发展的需要和个人对教育的真知，这种创新才是我们所追求的有价值的创新。

4. 爱岗敬业，乐于奉献

“爱岗敬业、乐于奉献”是指像雷锋那样做坚守岗位、永不生锈的“螺丝钉”，能兢兢业业、耐心细致、保质保量完成教育教学任务，具有吃苦耐劳、乐于奉献的精神。

爱岗就是热爱自己的工作岗位，热爱本职工作；敬业就是要用恭敬严肃的态度对待自己的工作，敬业可分为两个层次，即功利的层次和道德的层次。爱岗敬业作为最基本的职业道德规范，是对人们工作态度的一种普遍要求。

一份职业，一个工作岗位，都是一个人赖以生存和发展的基础保障。同时，一个工作岗位的存在，往往也是人类社会存在和发展的需要。所以，爱岗敬业不仅是个人生存和发展的需要，也是社会存在和发展的需要。爱岗敬业应是一种普遍的奉献精神。

社会分工带来人类进步，各种职业没有高低贵贱之分，都是社会中值得尊重的工作岗位。只有爱岗敬业的人，才会在自己的工作岗位上勤勤恳恳，不断地钻研学习，一丝不苟，精益求精，才有可能为社会为国家做出崇高而伟大的奉献。焦裕禄、孔繁森、郑培民等一大批党和人民的好干部都在本职工作岗位上呕心沥血，勤政为民；当非典疫情袭来，一大批平时并不引人注目的医生、护士和科研人员，挺身而出，冒着生命危险，冲上第一线，拯救了一个个在死亡线上挣扎的生命，有人还为此献出了宝贵的生命。

爱岗敬业是平凡的奉献精神，因为它是每个人都可以做到的，而且应该具备的；爱岗敬业又是伟大的奉献精神，因为伟大出自平凡，没有平凡的爱岗敬业，就没有伟大的奉献。全面建设小康社会的伟大事业正呼唤着亿万爱岗敬业的人。具备爱岗敬业这种平凡而伟大的奉献精神的人，永远都是强大民族的脊梁!

第一，提倡爱岗敬业，热爱本职，并不是要求人们终身只能干“一”行，爱“一”行，也不排斥人的全面发展。它要求工作者通过本职活动，在一定程度上和范围内做到全面发展，不断增长知识，增长才干，努力成为多面手。我们不能把忠于职守、爱岗敬业片面地理解为绝对地、终身地只能从事某个职业。而是选定一行就应爱一行。合理的人才流动，双向选择可以增强人们优胜劣汰的人才竞争意识，促使大多数人更加自觉地忠于职守，爱岗敬业。实行双向选择，开展人才的合理流动，使用人单位有用人的自主权，可以择优录用，实现劳动力、生产资源的最佳配置；劳动者又可以根据社会的需要和个人的专业、特长、兴趣和爱好选择职业，真正做到人尽其才，充分发挥积极性和创造性。这与我们所强调的爱岗敬业的根本目的是一致的。

第二，求职者是否具有爱岗敬业的精神，是用人单位挑选人才的一项非常重要的标准。用人单位往往录用那些具有爱岗敬业精神的人。因为只有那些“干一行、爱一行”的人，才能专心致志地搞好工作。如果只从兴趣出发，见异思迁，“干一行、厌一行”，不但自己的聪明才智得不到充分发挥，甚至会给工作带来损失。另外，现实生活中能够找到理想职业的人必定是少数的，对于多数人来说，必须面对现实，去从事社会所需要、而自己内心不太愿意干的工作。在这种情况下，如果没有“干一行、爱一行”的精神，那么你就很难干好工作，很难做到爱岗敬业。

第三，教师职业要求其具有愿为人梯般的奉献精神。这就要求教师愿为学生做嫁衣，甘当人梯终不悔。许多优秀教师，到他们白发苍苍退休之时，奉献了一辈子的激情与热血，还在原单位原地踏步，他们就是可贵的人梯，在自己的岗位上默默奉献，为学生成长呕心沥血，为国家建设输送人才，塑造了人民教师的崇高形象，书写了教育事业的亮丽篇章。

5. 技能精湛，独具风格

“技能精湛，独具风格”是指教师应像雷锋那样擦车擦得像玻璃一样反光、开车钻研省油、跑车画路线图那样具有精益求精的职业精神，满怀教育家的职业理想，苦练教学基本功，辛勤耕耘，形成充满个性魅力的教学风格。

一个好教师不是看自己的知识有多少，而是看你让学生学会多少，看你怎样让学生学会。所以，在强调教师专业化的今天，教师的专业技能是一个很重要的素质。专业技能包括很多方面，比如教育学、心理学知识，比如教育教学方法论、教育科研方法，比如怎样备好一堂课，怎样上好一堂课，怎样评课，等等。这些都是专业性很强的知识，一个教师如果缺少专业技能知识，只有满腔的激情和一肚子学问也未必能成为一个好教师。

教师这一职业决定了教师的一生将成为不断学习进取的一生，学而不厌、精益求精的一生。教师要给学生一杯水，自己就得有一桶水、一缸水，甚至一条常流常新的小溪。教师不仅要具备丰富系统的知识，还要具备会倒水（传授知识）的技能和技巧；不仅要向学生传授系统的科学文化知识，还要培养他们的学习态度、学习方法和学习能力；不仅要传递给学生不懈求知、自我更新的科学态度和坚定信念，而且首先必须身体力行，从而最大限度地开发生命潜能，使一生成为教不自满、学不厌倦、教学互补、生生不息的动态过程。

教学既是一门科学，也是一门艺术，它同样需要独创性，需要每个教师能够形成具有鲜明个人特色的教学风格——风格产生魅力。教师形成自己教学风格的过程，就是一个创造自己教学特色的过程。如果有的教师注定成不了“阳春白雪”，就可以努力地打造“下里巴人”的教学风格。套用“黑猫白猫论”，不管是“阳春白雪”还是“下里巴人”，能让学生接受和喜欢的风格都是好风格。

教学风格是在一定的教学理念指导下，教师经过长期教学实践而形成的，符合自身个性的教学方式、方法和技巧的独特结合。教学风格是在教学实践中形成和发展的，而且要经过长时间逐步形成，教学风格与教师的个性有着密切的联系，是个性化的结果，教学风格是在一定的教学理念指导下的一种教学观，教学风格是教学方式、方法和技巧的独特结合。

教师的课堂教学风格是经过长期的探索逐步形成的。一般说来，影响教师课堂教学风格形成的因素既有知识因素、能力因素、心理因素、经验因素和主观因素等内在因素，还受社会传统、时代要求和教学内容、学生实际等外部因素影响。

教师从开始教学，到逐步成熟，最终形成自己独特的教学风格，是一个艰苦而长期的探索过程，这个过程一般经过三个阶段：模仿学习——借鉴阶段、创造反思——形成阶段、别具一格——成熟阶段。教学风格的形成是指老师在教学过程的各个环节、各个方面都有自己独特的创造，教学具有浓厚的个性化色彩，成为一种艺术化的东西，达到了“从心所欲不逾矩”的境界。

为了国家富强和民族振兴，我们需要造就一支师德高尚、业务精湛、充满活力的高素质教师队伍，不仅能教学生“识文习技”，而且还能教学生“明德求是”。唯有像雷锋一样道德高尚、乐于奉献的教师才可能帮助广大学生树立起科学的世界观、人生观、价值观，为学生扣好人生的“第一粒扣子”。高职学院通过师德建设，实现雷锋精神对教师职业道德和职业精神的引领，让雷锋精神在广大教师的职业行为中播种扎根，为全面提升高职的师资水平和人才培养质量提供精神动力和道德支撑。

三、培育路径与模式构建

（一）培育路径

1. 注重师德建设，开展“雷锋式教师”的专题培训

将雷锋精神融入教师的职业道德并落实到教师的实际行动中。首先，要扭转“雷锋精神过时论”的观念，让广大教师学习雷锋精神的时代价值，自觉接受雷锋精神的熏陶；其次，要加强行为规范和素质养成，促进教师队伍素质提升。培训的主要内容有以下三个方面。

第一，了解雷锋。让广大教师通过阅读雷锋书籍、倾听雷锋故事、观看雷锋影像、参观雷锋故居和纪念馆、参加交流研讨、倾听专题讲座来了解雷锋，明晓雷锋不仅是助人为乐、甘于奉献的“道德典范”，而且还是技艺高超，有创新创业精神的“职业达人”，也是乐观开朗、人际和谐、人见人爱的“万人迷”。让老师们知道雷锋永远“时尚”，永不过时。

第二，亲近雷锋。让广大教师明白雷锋是我们的家乡人，身上流淌着湖湘血脉，他和普通青年一样爱美爱酷、有情有爱，他所做的好事都是与人方便、顺其自然的事。雷锋离我们很近，只要我们有了正确的价值观，学雷锋并不是难事，“时时可学，人人能做”。

第三，把握雷锋精神的时代内涵。重点是要让广大教师充分理解习近平总书记提出的“四有”教师的内涵和 2012 年中宣部对雷锋精神时代内涵的界定，让广大教师把握雷锋精神的时代价值，懂得传播雷锋精神的必然性和必要性，最终懂得雷锋精神对于现代教育的重要意义，自觉结合时代需求将雷锋精神延展至教育的全过程。

2. 加强素质训练，促进“雷锋式教师”的品质内化

人的素质是在长期的行为训练中达成的，不是仅靠说教和观念灌输能

实现的。课题组建议采取三条途径，在素质训练中促进教师实现雷锋品质的内化。

第一，在素质训练中优化素质结构。各校应根据“雷锋式教师”的五条道德规范的要求，编写好素质训练计划，通过系列专业素质训练，培养教师团结协作精神、吃苦耐劳精神、耐挫抗压能力、爱的能力、创新能力等，实现优化教师素质结构的目的。

第二，在教学常规中促进素质养成。教师的坐班、执勤、备课、教案、授课、作业批改、学生辅导都应该有具体的方法指导和标准要求，特别是对青年教师要进行严格训练，形成高效、严谨、认真、负责的工作习惯。

第三，在实践活动中实现素质提升。学校党委、团委、工会应以活动为载体，通过社会考察、志愿服务、社会实践、技能竞赛等促进教师素质提升，让教师于自我体验、团队协作中得到感召感染，反省顿悟，自我提升。

3. 设计生涯规划，促进“雷锋式教师”的专业成长

教师职业生涯规划是指教师从自身优势和特点出发，根据时代、社会的要求和所在学校的共同愿景做出的，能够促进自身有计划、可持续发展的预期性、系统性的自我设计和安排。

雷锋小学毕业那天，走上讲台向全体师生宣布，他的人生三大目标是：当个好农民、当个好工人、当个好士兵。此后短短6年时间里，他的这些职业理想一一得以实现：为了实现当个新式农民的愿望，他小学毕业便回到了农村；放弃当县里公务员的机会，应征成为一名辛劳的钢铁学徒工人；当他成为一名技术熟练、深受领导和同事喜爱的技术工人时，却再次转行想尽办法参军入伍。

雷锋实际上是以宣言的方式为自己做了一个完整、适合的职业生涯规划。对此，人力资源专家孙虹钢认为，“雷锋可以说是经典职业生涯规划理论的奠基人，他的一生完全是一个自我规划、自我激励和自我价值实现的完美典范”。

现在很多教师不能静下心来“规划”一下自己。作为教师，我们曾经

为无数学生的未来设计、勾勒，也经常为一次考试、一节公开课而彻夜不眠，甚至为和学生的一次谈话而盘算良久，但从没有认真思考过一些简单却深刻的问题：我现在是一个什么样的教师？我要成为一个什么样的教师？我怎样才能成为这样的教师？我是否在不断地设计着自己的教育理想？我是否在不懈地追求着一种自我的完善？我的教育生涯应如何度过？等等。

苏格拉底曾说，未经省察的人生不值得过。对于教师而言，没有思考这些问题，其成长就会处于盲目状态，不仅成长速度很慢，而且会走很多弯路，其职业原动力和职业成就感、职业幸福感都会受到影响。

对绝大多数教师来说，教育是要从事一辈子的工作，是要与整个生活乃至生命休戚相关的事业。所以，我们应该也必须为自己生命中最重要的事情——职业生涯做个像样的规划。良好的职业生涯规划，不仅可以保障专业成长和持续发展，更为重要的是可以促进我们建立和提升自己的教育专业地位与人生价值，在具体实在的成功中体味教育者独有的幸福。

教师自我是设计职业生涯的主体，如何开展自己的职业生涯设计？

第一，立足当下，充分认识自己的发展状况。自我认识是成功之路的起跑线，自我认识是成功人生的根据地，自我认识是智慧人生的发动机。一个教师只有看清自己、接纳自己，才能够重塑自己，从而成为理想的自己。产生职业倦怠的一个重要原因就是，一些教师缺乏基本的反思和改进意识，年年照本宣科、依葫芦画瓢，二十年的教学经验只是一年经验的二十次重复。

要想使自己的教育生活充满情趣和活力，就必须坚持在学习中不断反思。自我反思是职业生涯设计的基础，是自我主动发展的基础。要通过自我反思，充分认识自己的发展状况，就是要充分认识自己的优势特长和缺点不足，对自己认识越清醒，发展的动力就越充足。

每个教师都有自己的优势特长和缺点不足，而那些优势和特长就是成功的支点。教师一定要学会经营自己的长处，任何人都是在自己的长处上获得成长和成功的。因此，在规划职业生涯的时候，教师一定要认真研究自己，努力找到优势特长和缺点不足，然后扬长避短或者扬长补短，使职业生涯规划更加科学、有效。

第二，对社会、学校和家庭等环境进行深入细致的分析。分析成长环境，是为了了解环境的特点，找出对自己成长有利的方面或者不利的方面，清楚环境中可以利用的资源和需要的外在帮助，知道如何取得领导和同事等人的更多帮助，从而更好地确定自己的职业目标和成长途径。

第三，自我定位与具体的目标设计。要给自己一个比较符合实际又有挑战性的定位；同时，从时间和项目两个角度，把职业生涯划分为不同的阶段，在不同的阶段确立不同的目标和具体任务。发展目标要突出自己的状态改变，切忌空泛，必须有明确的量化指标和自我惩罚措施。教师既要按照任务驱动去规划，又要按照真正的“自我需求”去规划自身发展，把规划变成承诺，让承诺变成行动，用行动创造结果。

第四，合理划分成长阶段，在每一个阶段确定明确的事业追求和阶段目标。雷锋式教师的成长存在连续性与阶段性的规律，从入职到适应到成熟是一个连续成长的过程，但又具有明显的阶段性变化，每个阶段有其不同的主要矛盾，主要可以分为如下六个阶段。

一是“适应阶段”。新教师参加工作的第一年，是拜师学习与模仿的阶段：新教师要逐渐熟悉备课、上课、辅导、批改作业、考试测验等教学常规性工作，多观看优秀教师的典型课例，不断地把教学知识转化为教学能力，并逐渐认同雷锋式教师的职业责任，实现由师范生向教师的角色转变。

二是“基本功阶段”。新教师工作到第三年左右，是练就教学基本功阶段：一是教师的“二字一话一机”（粉笔字、钢笔字、普通话、计算机多媒体技术）等一般基本功；二是备课、上课、批改、辅导、测验等常规基本功；三是处理重点、难点等课堂教学基本功；四是分析和了解学生、管理学生能力的基本功。至此，新教师具备了独立的教育实践能力，成为胜任学科教学的教师。

三是“形成经验和技能阶段”。教师工作到第五年左右，是形成经验和技能阶段：教师开始认同雷锋式教师的职业价值，逐步树立现代教育观念，研习名师、特级教师的教学技巧和教学风格，结合个人的教学实际情况，从语言风格到课堂结构、设计思路等进行创造性的改革，形成了自己的一套教学设计、教法和学法指导等教学方式，构建了自身教学经验体系。

四是“教师成长的徘徊阶段”。教师工作到第五至八年间，是教师成长的“徘徊阶段”：教师在教学业绩上提高不明显，出现心理学所说的“高原现象”，许多教师满足于自己的那点经验和技能，也就此裹足不前。教师要想突破成长的“高原期”：一要明确专业成长“着力点”——加强教学技能技巧的训练，走出教学艺术缺乏的“高原期”；二要找到专业成长“生长点”——重视教育教学技术的运用，走出教学技术缺乏的“高原期”；三要探求专业成长“发展点”——继续教育要终身化，走出专业知识缺乏的“高原期”；四要寻求专业成长“契合点”——培养合作意识，走出单打独斗的团体精神缺乏的“高原期”；五要确立专业成长“支撑点”——参加教育科研活动，走出教学自我诊断缺乏的“高原期”。

五是“教师成名阶段”。教师工作到第八至十二年左右，是教师“成名”阶段：少数越过“高原期”的教师，用现代教育理论指导自己的教学实践，并对学科教学有独特见解，形成了自己的教学特色和风格，成为学科教育专家。这阶段教师的工作特点有两个：一是教学在批判中。教师在教育教学忙碌与宁静中开展自身对话，在教育反思中不断接受理智的批判，在实践中不断接受理论的提升；二是教学在研究中。教师在不断的学习与研究过程中拓展内涵，增长专业能力，提高专业水平。

六是规划“教师成家阶段”。教师工作到第十二年以后的一段时间，是教师“成家”阶段：教师不满足于在教育教学方面已有的建树，始终“咬定青山不放松”，继续走教科研之路，并把研究的触角伸到教书育人的各个方面。在此阶段，教师丰富的学识、灵动的智慧、激情与活力而使课堂成为充满底气、灵气和大气的立体课堂，使教学更成为教育。因此“成家阶段”的教师，在理论上，对教育有深刻的理解和感悟；在实践上，在做好“经师”的同时，更注重做好“人师”，形成自成一体的教学流派。

不管哪个阶段，雷锋式教师的成长都必须建立在教师内心具有强烈的主动学习欲望的基础上。只有这样，才会真正实现自身的专业化发展。

4. 搭建互动平台，促进“雷锋式教师”的自主成长

正确观念一旦确立，必须巩固和践行，我们建议搭建三个互动平台，让教师在如沐春风中享受到雷锋精神的温暖，更好地传递爱的能量，促进“雷锋式教师”自主成长。

第一，思想交流平台。“雷锋式教师”的成长需要统一思想，达成共识，形成共为。一是要加大纵向沟通促进内部和谐。要在校园内部建立起网上和网下两种便捷交流渠道，促进上下级之间的无障碍沟通。一方面及时体现党委行政领导班子对普通教师的关怀和支持，让教师扎根学校，心有归属；另一方面及时向上级传递教师普遍存在的疑惑和问题，及时解决好教师的后顾之忧。二是密切横向交流增进同行情谊。积极建立起校内校外、同事同行之间的广泛交流渠道，促进互帮互助，加强互助协作，实现信息资源共享。

第二，业务交流平台。一个人的力量是有限的，团队的力量是无穷的。建立“业务互助平台”可以让教师感受到集体力量，有助于在友爱的环境中共同成长为“雷锋式教师”。一是要组织好集体备课，让个人才智在集体交锋中碰撞出更多的教学灵感，实现优质资源共享。二是要互相听课评课，共同探讨和研究教学中遇到的问题，改进教学方式方法，提高课堂教学效果。三是要建立结对帮扶机制，让先进带后进，比学赶帮超，整体提高师资水平。

第三，师生交流平台。师生互动是“雷锋式教师”成长的重要环节，可以借助 QQ 群、个人空间、微信等平台来实现。一是教师对学生给予“春天般”的关怀。教师可以借助这个平台奉献雷锋般的仁爱之心，用欣赏的话语增强学生的信心，用信任的目光树立学生的自尊。面对相貌、成绩、家庭背景等方面各有差异的学生做到无差别的“关爱”；面对弱势、残疾甚至存在心理障碍的学生做到“特别关怀”，让每一学生收获到成功喜悦，得到健康成长。二是学生对教师回报“亲人般”的感恩。教师的付出必然获得学生的感恩回报，学生对教师问候、赞美、祝福，都是对教师的价值认可，对青年教师成长意义重大。总之，教师对学生的关心关怀和学生对教师的知恩感恩，两者共同构成师生之间的良性互动，使关爱成为一种习惯，有助于师生共同成长。

（二）培育机制

1. 运行机制——成立机构，建立雷锋式教师素质训练基地

为构建雷锋式教师的培育建设的长效机制，首先必须建立切实可行的运行机制。

（1）成立雷锋式教师培育建设办公室，统筹协调雷锋式教师培育工作。在学院雷锋式职业人培育工作小组领导下，成立雷锋式教师的培育建设工作办公室，办公室挂靠在组织人事处。

（2）成立“雷锋式教师素质训练基地”，负责教师的日常训练与考评等工作。制定“雷锋式教师素质训练实施方案”，组织开展雷锋式教师素质训练。

（3）成立“雷锋式职业教育联盟”，结盟共建培育基地。为争取多方力量支持，必须联合政府、其他院校、企业行业、社会组织等共同参与，走“政校企社联动”的道路。

2. 评价机制——健全考评体系，制定“雷锋式教师”的测评办法

2014年教育部出台了《教育部关于建立健全高校师德建设长效机制的意见》，将师德考核作为教师考核的核心内容，摆在首要位置，要求各级教育行政部门要制定师德考核办法，高校制定具体的实施细则。师德考核不合格者年度考核应评定为不合格，并在教师资格定期注册、职务（职称）评审、岗位聘用、评优奖励和特级教师评选等环节实行一票否决。

课题组建议：各高校要在民主公开、激励为主的原则指导下，将“雷锋式教师”的五个道德规范纳入师德考核的范围之内，扩大“雷锋式教师”的影响力，激励教师做“雷锋式职业人”。考核形式有两个：一是渗透考核。在学校常规考核中，应尽可能渗透“雷锋式教师”职业道德的考核内容。以某校年度考核为例：年度考核评价分值＝师德分（20%）＋教学分（30%）＋科研分（30%）。其中“师德分”渗透了奉献精神、服务意识等道德品质的考核；“教学分”渗透了敬业精神和责任意识的考核内容；“科研分”渗透了钻研精神和创新精神的考核内容。二是专项测评。评选“师德标兵”、“教学标兵”等优秀典型时，参评教师应当接受师德师风专项测评，建议将“雷锋式教师”五条职业道德规范纳入整个测评体系，并在测评分值结构中占有一定比重。下表是课题组提供的评选“雷锋式教师”的考核测评量表，以供各校参考。

表1 评选“雷锋式教师”民意测评量表

道德规范	评价标准	备 注	典型事例（主题和佐证材料）	权重	学生评价（60%）	同行评价（40%）	合计
热爱职教爱党报国	像雷锋那样有理想信念，对党和国家具有深厚的感情，热爱人民，热爱社会主义，能以实际行动倡导和践行社会主义核心价值观，以满腔热情献身人民的职业教育事业作为爱党报国的具体行动	出现违背党中央方针政策的言论、将个人不良情绪带到课堂一票否决		20			
以身立教关爱学生	像雷锋那样做纯粹而高尚的人，以身作则，遵循教师的职业道德规范和中华传统美德，以高尚的道德情操影响学生，爱护学生，做学生的人生导师和道德楷模	出现违法违纪行为一票否决；出现不文明行为举止本项计0分		20			
严谨治学富于创新	像雷锋那样“干一行爱一行、钻一行精一行”，具有“钻”和“挤”的钉子精神，既有渊博而扎实的知识，又熟悉掌握教育教学规律和教学技能技巧，具有严谨治学、开拓创新的精神	科研分不合格本项目计0分		20			
爱岗敬业乐于奉献	像雷锋那样做坚守岗位、永不生锈的“螺丝钉”，能兢兢业业、耐心细致、保质保量完成教育教学任务，具有吃苦耐劳、乐于奉献的精神	坚守劳动纪律，出现教学事故一票否决		20			
技能精湛独具风格	像雷锋那样擦车擦得像玻璃一样反光、开车钻研省油、跑车画路线图那样具有精益求精的职业精神，满怀教育家的职业理想，苦练教学基本功，辛勤耕耘，形成充满个性魅力的教学风格	将学生“最受欢迎教师”评分折合20分		20			
总分							

注：参评教师如有优秀典型事例的需提供佐证材料，不能提供优秀典型事例的每项记最高不超过10分，有优秀典型事例和正面社会影响力的酌情计11～20分。

3. 激励机制——建立激励机制，注重“雷锋式教师”的宣传培养

只有建立有效的激励机制，才能为教育活动注入不竭的动力。课题组以长沙市“雷锋式教师”评选活动为抓手，加大对广大教师队伍的示范激励，形成良好的育人环境。

开展“雷锋式教师”评选活动。评选“雷锋式教师”的过程就是宣传雷锋精神和传递正能量的过程。可以通过学生评选出“我最喜爱的教师”、“最具魅力的教师”，教师互评出“同行的榜样”，上级评选出“师德标兵”、“业务能手”等多种渠道，发现和锁定“雷锋式教师”的候选人，最后通过真实事迹展示、公开投票、量化测评等方式来确定“雷锋式教师”人选。在评选活动中要注意几点。一是过程有公信力。评选要公开公正，充分征求民意，明确选拔办法，统一标准、公示材料、公开投票，可采取教师自荐及他人推荐等多途径推选出最具代表性和说服力的“雷锋式教师”。二是结果有影响力。“雷锋式教师”评选的结果应纳入晋级、考核、提拔等方案之中，从而激励更多人加入“雷锋式教师”队伍，壮大传承雷锋精神的力量，提升教师队伍整体素质。

重视“雷锋式教师”事迹宣传。对评选出的“雷锋式教师”，要进行广泛宣传，让“雷锋式教师”的形象深入人心，形成广大教师都来学做新时代的雷锋的踊跃局面。一是立足真人真事。只有立足真人真事，才能让人信服，才能感动人；坚决抵制伪造证据进行宣传的现象，否则会导致公信力的丧失，产生负面作用。二是平凡中见伟大。雷锋伟大，并非他有什么特别之处，可以说，他的每一天都是平凡的，但是他的一生却是伟大的，所谓“做一件好事并不难，难就难在做一辈子好事”。其伟大之处在于他一直坚持着同样的信仰——感恩党，忠于人民，回报社会。雷锋式教师也是一样，只有平凡中见伟大才觉得可亲可敬，人们才愿意去学习，“雷锋式教师”绝非高不可攀。三是紧扣典型事例。平凡的雷锋有着大量的典型事例感动着人们，同样，宣传“雷锋式教师”一样要善于抓典型事迹和典型特征进行宣传，给大家留下深刻的印象。

注重对“雷锋式教师”提拔使用。“雷锋式教师”一旦评选出来，就要给予重点培养，给平台、给机会、给空间，使其迅速成长，更好地为社会服务。一是适时提拔。在“雷锋式教师”初步成长起来后，学校就要大胆任用，以岗位作为促进其继续成长的平台，使其在更大的空间中得到锻

炼；二是进修培训。“雷锋式教师”通过学历提升、技能培训学习新的技能技巧，有利于增强业务能力，为今后更好地发展打下基础；三是参与项目。在各级各类大型教学竞赛、省市重大科研项目、学校重要谋篇布局规划等方面给予机会，让“雷锋式教师”有参与或主持项目的机会，使之迅速成长为学校建设的中坚骨干力量。

4. 保障机制——制度建设

为了保障雷锋式教师培育工作的常态化、规范化，必须制定一系列的相应配套制度，把雷锋式教师的培育贯穿到学院管理制度体系的各个环节，将雷锋式教师培育工作纳入学院岗位设编、培训经费、考核权重、职称评聘、课程建设、信息化资源建设等相关制度内容中，在制度执行过程中加强雷锋式教师的培育，促进师生良好素质的养成。采取多种措施，鼓励和吸引行业企业、社会力量参与雷锋式教师的培育和服务。

（三）培育模式

雷锋式教师的培养与培训，以“333 模式”推进，即“建立三个机构，依托三个平台，开展三种训练”。“三个机构”是师资培训办公室、师资培训基地、师资培训联盟；“三个平台”是指思想交流平台、业务交流平台、师生交流平台；三种训练主要是生涯规划设计、专题教育培训、职业素质训练。在雷锋式教师的培育活动中，“三个机构”是组织和制度保障，“三个平台”是铸造雷锋品质的激活剂和催化剂，“三个训练”是主体内容和铸造熔炉。

第四章 “雷锋式职业人”实践育人模式

以习近平同志为总书记的党中央高度重视社会实践在人才培养过程中的重要作用。他指出，要落实立德树人这一根本任务，围绕培育和践行社会主义核心价值观这一主要目标，推动实践育人制度化、常态化、科学化，不断开创实践育人工作新局面。教育部等七部门 2012 年初颁布了《关于进一步加强高校实践育人工作的若干意见》（教思政〔2012〕1 号），重申了高校实践育人工作的重要性，明确提出“进一步加强高校实践育人工作，是全面落实党的教育方针，把社会主义核心价值体系贯穿于国民教育全过程，深入实施素质教育，大力提高高等教育质量的必然要求”。各高校要坚持把实践育人工作摆在人才培养的重要位置。然而高等职业院校不同于普通本科院校，其人才培养模式对于教育过程中的实践性、开放性和职业性有着更高的要求，针对高职人才培养目标的不同特点和社会对应用型人才素质的不同要求，结合高职教育的实践性、职业性特征和学制特点，“雷锋式职业人”实践育人模式的推行，为高职院校的思想政治教育构建了一种操作性强、便于实施和考核、对学生综合素质的全面培养能够起到积极导向作用的育人模式，具有重要的理论意义和实践价值。

一、核心内涵与现实意义

（一）核心内涵

“雷锋式职业人”实践育人模式是以培养“雷锋式职业人”为目标，通过面向全体学生，全员参与，全过程开展雷锋式职业人素质训练，在系列素质训练、日常管理训练，社会实践活动中，使雷锋式职业人的核心品质得以内化，不断提高学生综合素质和职业能力，促进学生终身可持续发展的育人模式。“雷锋式职业人”实践育人模式是一个素质训练与日常管理、课内与课外、实践活动与专业学习、就业素质训练与创业能力培养相结合立体化、全方位、多平台的实践育人模式。它有较强的实践性和针对性，表现在以下几个方面。

实践育人是通过亲身体验的过程。它对人的成长产生教育、警世、启发、培养作用，以塑造人的全面发展的教育。实践的磨炼和体验在学生成长成才中发挥着课堂教学无法替代的重要作用。在实践过程中，学生获得的知识是完全的，而非抽象的、片面的，实践育人过程是培养学生兴趣、发现学生特长，并将知识转化为能力、智慧、精神、品格的必经之路和根本途径。

实践育人是一项系统工程。涉及实践育人的理念、主体、客体、目标、途径、模式（过程）与制度七大要素。在高职院校，为了培养技术技能应用型人才，必须同时对上述七大要素进行合理开发与重组，包括进一步更新教育理念、进一步提高培养主体的工作效能、进一步调动培养客体的学习主动性、进一步明确创新型人才的培养目标、进一步创新实践育人模式、进一步丰富实践育人途径、进一步完善实践育人制度与优化实践育人条件等。

实践育人是一种特色育人模式。何谓“模式”？从词义学上讲，“模式”即解决问题的范式、范例。作为一个软科学概念，实践育人是指在一定的思想指导下建立起来的由若干要素构成的，具有形态构造和实践指导功能及可仿效性等特征的某种活动的理论模型与操作式样。模式既不属于内容范畴与形式范畴，也不属于目的范畴与结果范畴，而是属于一种过程范畴。因此，实践育人模式是指以学生获得的理论知识、间接经验、操作技能和实践能力为基础，开展与学生的健康成长和成才密切相关的各种应用性、综合性、导向性的实践活动，加强对学生的思想政治教育并促进他们形成高尚品格、祖国观念、人民观念、创新精神、实践能力、团队精神、合作能力的新型育人方式。实践育人模式“是一种对于培养过程的设计、建构与管理，它是关于实践育人过程质态的总体性表述”。

（二）时代意义

1. 实践育人是高职院校人才培养目标的本质要求

孔子曰：“吾听吾忘，吾见吾记，吾做吾悟。”人的成长的根本动力来自切身的内心体验，必须通过实践来感知。对于高职学生来说，高职院校更加需要通过实践育人的理念方式方法来满足其成人成才的需要，让他们在做中学，在实践中体验，在体验中成长。

教育部教高〔2006〕16 号文件指出：高职教育的人才培养目标是培养适应生产、建设、管理、服务第一线的高等技术应用型专门人才。高等职业院校更应注重培养学生的实践、应用能力。积极推行与生产劳动和社会实践相结合的学习模式，是高等职业教育的本质要求。同时，《教育部关于全面提高高等职业教育教学质量的若干意见》中指出，高等职业学校人才培养模式改革的重点是加强教学过程的实践性、开放性和职业性，充分利用实践环节，积极开展实践育人，这也是高等职业学校加强和改进学生思想政治教育的重要手段。

实践育人，既是培养高技能创新人才的有效方式，对高等职业学校学生职业能力和职业素质的培养具有不可替代的作用，又是引导学生树立正确人生观、世界观和价值观的重要途径。实践育人是以开展生产劳动和社会实践活动为主要内容的，它与教书育人、管理育人、服务育人有机结合在一起构成了高职教育完整的“ 三全育人”体系，是高职教育产学研结合的产物，是对“三全育人”理念的完善和发展。实践证明，哪所职业院校的实践育人活动搞得好，哪所职业院校的大学生思想政治教育就生机勃勃、富有成效。

2. 实践育人是培养企业需求人才的根本途径

现代企业更注重员工是否能够专注工作、精益求精，是否能够遵守纪律、严格要求自己。企业对高素质人才的需求，对高等职业院校人才培养提出了新的要求。实践育人坚持知行统一，积极开展各种实践活动，有利于全面提升学生素质，提高人文及科学素养，丰富知识涵养，有利于健全性格和人格。高职院校应引导大学生从身边的事情做起，从具体的事情做起，从自身做起，从而着力培养大学生良好的思想品格、道德情操和文明习惯。因此，高校要培育企业需要的人才，必须以实践育人为本，通过丰富多彩的实践形式和实践活动来转变人的行为方式，养成良好的行为习惯，提高学生的自身修养。

3. 实践育人是增强思想政治教育实效性的生动实践

传统德育方法主要靠说教和灌输，在一定程度有其必要性和实效性，但究其深度，很难在行为层面对学生有所触动，这也是制约高校德育实效性的一大难题。而实践育人的方式能够贴近生活、贴近实际、贴近学生，有利于消解传统德育存在的空泛、教条、与现实脱节等弊端。学生是思想政治教育工作的对象也是思想政治教育工作的主体。在思想政治教育过程中，开展生动有效的实践活动，能使学生在实践中积极进行自我教育和相互教育，使学生养成自觉、自律、自励、自强的优秀品格，形成劳动观念，增强自食其力的荣誉感和自豪感，有利于思想政治教育的可持续开展。

二、理论依据与培育内容

（一）理论依据

1. 马克思主义实践观

马克思指出：“人作为主体是通过他自身的实践活动来参与和接受客观的影响，从而获得主体自身的发展。”① 实践的观点是马克思主义哲学首要和基本的观点。人不是抽象的存在物，而是现实活动着的存在物，离开了实践活动，人将不复存在。以实践对象为标准，人的实践可分成两种不同的类别：一是改造和开发外部环境条件的外向实践，一是改造和开发主体自身条件的内向实践。“以人自身为对象的特殊实践，就是教育和学习。”② 马克思主义还指出实践是认识的来源和动力，是获得知识的源泉，是检验真理的标准。毛泽东将其发展为：“人的正确思想只能从社会实践中来。”因而，实践育人理念在教育教学中具有重要意义，它包括校内的实践教育和校外的实践教育。

2. 行为主义学习理论

美国心理学家约翰·华生在20世纪初创立了行为主义学习理论，华生认为人类的行为都是后天习得的，环境决定了一个人的行为模式，无论是正常的行为还是病态的行为都是经过学习而获得的，也可以通过学习而更改、增加或消除。斯金纳更是将行为主义学习理论推向了高峰，他提出了操作性条件作用原理，并对强化原理进行了系统的研究，使强化理论得到了完善的发展。在此理论基础上，教师是教学过程的设计者和组织者，是训练者，而学习者对知识的掌握有赖于能否反复练习和得到及时反馈。如果学生的行为通过强化和训练，成为一种习惯，那么行为加强；如果得不到强化，它就会消失。我们要促使学生养成良好的职业素质，必须通过反复的实践和训练来强化，从而固化为学生的行为习惯。

---

① 黄济．教育哲学通论［M］．太原：山西教育出版社，1998：385.

② 桑新民，陈建翔．教育哲学对话［M］．石家庄：河北教育出版社，1996.

3. 思想政治教育文件政策依据

2004 年，国务院颁布《中共中央国务院关于进一步加强和改进大学生思想政治教育的意见》，把实践育人作为开展新形势下大学生思想政治教育的有效途径，时代赋予了实践育人以全新的意义和地位，在新时期大学生思想政治教育工作中，实践育人被提升到新的高度。在雷锋式职业人的培养过程中，应当弘扬实践育人新理念、探索实践育人新机制、构建实践育人新格局，不断提高实践育人的质量和效果。2012 年教育部颁布了《教育部等部门关于进一步加强高校实践育人工作的若干意见》，《意见》中指出，“进入本世纪以来，高校实践育人工作得到进一步重视，内容不断丰富，形式不断拓展，取得了很大成绩，积累了宝贵经验，但是实践育人特别是实践教学依然是高校人才培养中的薄弱环节，与培养拔尖创新人才的要求还有差距”。尤其在高职院校中，在实践育人的模式下培育雷锋式职业人的教育社会实践属性和人的主体性越来越引起人们的重视。

（二）培育内容

2014 年教育部发布了《中小学学生守则》，主要内容有“三爱”（爱祖国、爱学习、爱劳动）；“三讲”（讲文明、讲诚信、讲法制）；“三护”（护安全、护健康、护家园）。2005 年教育部制定《高等学校学生行为准则》，主要内容为：志存高远，坚定信念；热爱祖国，服务人民；勤奋学习，自强不息；遵纪守法，弘扬正气；诚实守信，严于律己；明礼修身，团结友爱；勤俭节约，艰苦奋斗；强健体魄，热爱生活。2014 年 5 月 4 日习近平同志在北京大学师生座谈会上的讲话对青年自觉践行社会主义核心价值观提出要“勤学、修德、明辨、笃实”。

根据《中共中央国务院关于进一步加强和改进未成年人思想道德建设的若干意见》《公民道德建设实施纲要》的要求，结合中宣部对雷锋时代精神内涵的解析、社会主义核心价值观的要求、各级各类学校学生的道德规范的基本要求，本课题组提炼出了“雷锋式学生”的八个核心品质是：爱国、感恩、勤奋、创新、诚信、协作、友善、奉献。其中“爱国”和“感恩”属于动力品质；“勤奋”、“创新”属于行动品质；“诚信”、“协作”、“友善”、“奉献”属于合作品质，这些品质构成了雷锋式学生的品质内容体系。

“爱国”是指像雷锋那样热爱党、热爱祖国、热爱社会主义，具有崇高理想和坚定信念，能把个人前途命运和国家前途命运紧密联系，自觉将“青春梦”融于“中国梦”之中。

“感恩”是指像雷锋那样懂得感恩党、感恩社会，“把有限的生命投入到无限的为人民服务之中去”，主动承担家务，感恩父母，甘于奉献，回报社会。

“勤奋”是指像雷锋那样勤奋好学，有强烈的求知欲，艰苦奋斗，自强不息，有“天道酬勤”的信念，能以勤补拙、以勤养德、以勤修身、以勤求绩。

“创新”是指要像雷锋那样开拓创新，遇到困难不退缩，遭遇挫折不止步，坚信“办法总比困难多”，善于化阻力为动力，热衷于开辟新途径，寻找新办法。

“诚信”是指像雷锋那样言行一致，讲真话，办实事，以诚待人，做遵守法律、遵守规则、遵守校纪校规的模范。

“协作”是指像雷锋那样团结协作，具有共赢互助意识，能换位思考，与人和谐相处；顾全大局，服务大局，把集体利益看得高于个人利益。

“友善”是指像雷锋那样善良仁爱，宽厚待人，友爱他人，推己及人，以心换心，能与人和谐相处。

“奉献”是指像雷锋那样乐于奉献，助人为乐，倾情付出，热心公益，不计得失，把奉献当作人生的最大幸福。

三、培育路径与模式构建

（一）培育路径

雷锋式职业人培育路径包括日常管理、素质训练、志愿服务、典型培育四个方面，其中，以日常管理为切入点，通过6S标准化管理来转变观念，培养良好习惯；以素质训练为主渠道，通过公共选修课、主题班会、社团活动、素质训练网校、户外拓展等来优化行为，提升综合素质；以志愿服务为突破口，通过公益活动与专业实践来创新思路，强化服务能力；以典型培育为着力点，通过系列“雷锋号”创建活动与“雷锋式”先进集体和个人评选活动来表彰优秀，传递正向价值观。

1. 日常管理

班级、寝室、学生的日常管理工作通过建立以教室、实训室、寝室三大内容的6S管理体系来推进，涵盖了从学生晨起、早自习、课余、晚自习、就餐等学习生活全过程，同时制定“雷锋号”班级、“雷锋号”寝室、“雷锋号”实训室等评比标准，每周开展合格创建，每月评优，每学期开展示范表彰，将6S管理理念贯穿于学生“职业品质”培养的全过程（见案例1、2、3）。

“6S”是整理（Seiri）、整顿（Seiton）、清扫（Seiso）、清洁（Seiketsu）、素养（Shitsude）、安全（Safety）的缩写，6个S彼此相互关联。其中，“整理”、“整顿”、“清扫”是进行日常活动的具体内容；“清洁”则是对“整理”、“整顿”、“清扫”的规范化和制度化管理；“素养”要求学生培养自律精神，形成良好习惯；“安全”则强调学生安全化作业。

案例1　雷锋号班级创建工作

“雷锋号”班级是按照现代企业现场管理理念和方法，将企业文化与班级文化、雷锋职业精神结合，培育和创建适合高职学院人才培养的新型班级团队。“雷锋号”班级每月开展一次评选，采用流动的形式挂牌，每月评选10个班级，以学年度为单位获得“雷锋号”班级次数最多的班级评选“××‘雷锋号’年度班级”，以年度为单位开展总结表彰活动，评比标准见下表。

表2　“雷锋号”班级评比标准

项目	评比内容	配分	得分	责任人
规范化管理（50分）	整理、整顿：班级卫生角及讲台布置、桌椅等班级物品摆放要规范统一，班牌及班级宣传、学习等园地的布置要规范统一，学生课桌上只保留文具、课本等，其他物品整齐摆放在抽屉里	16		
	清扫、清洁：每天组织两次值日生打扫、整理教室（早上和下午放学后），并安排值日生不定时地对班级室内外卫生进行保洁，学生下课后必须清洁课桌，始终保持教室干净整洁，及时清除垃圾，垃圾桶每天清洗一次，地面每周拖洗一次	16		
	素养、安全：每位学生都要养成良好的习惯，工具、设备能按规范使用。做到不迟到、旷课、上课不违纪、作业认真完成、同学间互帮互教等。培养积极主动严谨的做事态度，注重文明礼仪，仪容仪表规范，做到遵纪守法。每时每刻都要有安全第一的观念，防患于未然。班级建立安全教育制度，做到安全天天讲、月月讲，并且要有跟踪，要有记录	18		

项目	评比内容	配分	得分	责任人
弘扬雷锋精神成效（50分）	有积极明确的班级奋斗目标。以雷锋精神指导班集体建设，班级奋斗目标积极明确，能内化为全班同学的自觉行为。全班同学争当“五型学生”，关心时事，自觉践行社会主义核心价值观，具有报效祖国的远大志向	10		
	有健康向上的精神风貌。全班同学积极倡导和践行热爱集体、助人为乐的奉献精神，热爱学习、勤于钻研、认真做事的敬业精神，热爱科学、锐意进取、勇于实践的创新精神，艰苦奋斗、勤俭节约的创业精神。具有良好的学风和班风，全班同学具有积极的生活态度、健康的生活方式、高雅的艺术审美风尚	10		
	有全面发展的显著成绩。全班同学学业成绩优良，积极参加文化、体育活动、各种社团活动和社会实践活动，体育技能和科技艺术特长发展较好	15		
	学习并弘扬雷锋精神，将雷锋精神内化为学习和生活中的自觉行为，注重在具体学习和生活中养成习惯，培养爱心，落实责任。全体同学社会责任感强，积极参加学校集体活动、社会实践活动、公益帮扶活动，涌现了大量的先进个人和先进事迹，在校内外产生良好影响	15		
合计		100		

案例2　雷锋号寝室创建工作

“雷锋号”寝室是按照现代企业“6S”管理理念和方法，将企业文化与寝室文化、雷锋精神结合，培育和创建适合高职学院人才培养的新型寝室。“雷锋号”寝室每季度开展一次评选，采用流动的形式挂牌，每次按比例不超过总寝室数量的3%评选，以学年度为单位获得“雷锋号”寝室次数最多的寝室评选为“××‘雷锋号’年度寝室”，以年度为单位开展总结表彰活动，评比标准见下表。

表 3 “雷锋号”寝室评比标准

项目	评比内容	配分	得分	责任人
干净整洁（35 分）	无卫生死角，无杂物	7		
	床上用品和折叠整齐，床下鞋子统一摆放	7		
	洗涮用品统一摆放、衣物放在衣柜内	7		
	有卫生打扫轮值表	7		
	天花板、墙角无蛛网，风扇灯管无灰尘，门窗洁净	7		
寝室文化（35 分）	寝室有文化布置，美观优雅	7		
	制度健全、职责明确	7		
	寝室成员文明礼貌，团结友爱，无打架斗殴现象	7		
	学习氛围浓厚，热爱运动	7		
	寝室成员纪律意识强，无迟到旷课现象	7		
安全防范（30 分）	无夜不归宿现象	5		
	无使用热得快、电炉、电暖器、电热毯、电吹风等大功率电器，无点蜡烛现象。	5		
	无寝室打牌赌博现象	5		
	无管制刀具、棍棒等	5		
	离开寝室有关灯、拉闸习惯	5		
	懂得防火、防盗知识	5		
合计		100		

案例 3　雷锋号实训室创建工作

“雷锋号”实训室是按照现代企业“6S”管理理念和方法，将企业文化与雷锋职业精神结合，培育和创建适合高职学院人才培养的新型实训室。“雷锋号”每月开展一次评选，采用流动形式挂牌，每月评选 10 个“雷锋号”实训室，以学年度为单位获得“雷锋号”实训室次数最多的寝室评选为“××‘雷锋号’年度实训室”，以年度为单位开展总结表彰活动，评比标准见下表。

表 4 “雷锋号”实训室评比标准

项目	评比内容	配分	得分	责任人
整理	1. 有物品整理的标准	3		
	2. 无闲置、报废物品置于现场	3		
	3. 无障碍物影响视觉	3		
	4. 作业场所通道畅通	3		
	5. 现场操作后物品归位，不用工具放置有序	4		
整顿	1. 储藏室有规章制度	3		
	2. 物品均有定位、工具易取用	3		
	3. 材料摆放规范并有标识	4		
	4. 优等品和次品有区分标识	4		
	5. 工作区域标识清楚	3		
清扫	1. 各区域有卫生责任人	3		
	2. 室内地面清洁、平整	3		
	3. 作业场所地面无垃圾、水渍等	3		
	4. 作业台整洁无灰尘，产品设备无灰尘	4		
	5. 墙壁、天花板无蛛网，排风扇、吊扇、窗户无灰尘	3		
清洁	1. 机器设备定期检查	4		
	2. 机器设备进行日常保养	4		
	3. 工作场所无私人物品放置	3		
	4. 作业场所清扫及时	3		
	5. 吸烟场所有规定	3		
素养	1. 着装整洁	3		
	2. 遵守生产和考勤纪律	4		
	3. 使用安全保护用具	3		
	4. 遵照标准作业	4		
	5. 有异常发生的应对规定	3		

项目	评比内容	配分	得分	责任人
安全	1. 设备有安全负责人、责任明确	3		
	2. 安全标识明确，安全通道畅通	3		
	3. 消防器材定期检查，能熟练使用	4		
	4. 工作人员按安全操作规程操作	4		
	5. 无重大事故，有预防措施	3		
合计		100		

2. 素质训练

素质训练可以通过公共选修课程、主题班会、社团活动、素质训练网校、户外素质拓展训练等途径对全院学生开展，使学生养成良好习惯，形成美好品德。

（1）公共选修课程

全院开设《雷锋式职业人素质训练》公共选修课，通过全新的、系统化的课程体系，培养“雷锋式职业人”核心品质，为每个班级培养 2 名以上的“学生素质训练员”，以“助手”的身份协助辅导员做好主题班会课上的素质训练，以点带面，使素质训练覆盖全体学生。《雷锋式职业人素质训练》公共选修课的开展，需要做到以下两点：一是加强师资队伍建设。建立一支以辅导员和思政教师为主体，学生素质训练员为辅助的专兼结合的素质训练教师队伍，通过开展示范课观摩、课程竞赛等方式提高教师教学水平。二是创新素质课程教学模式。在整个学习过程中，学生是学习的主体，围绕体验、发表、反思、总结、应用等环节，对所有的培训课程都要亲身体验，教师只是教学活动的主导者。

（2）主题班会

主题班会是学生与教师、学生与学生的多边活动，是“雷锋式职业人”优势品质培养的途径之一。主题班会活动课程的实施，能够加强学生思想政治教育工作的针对性和时效性，促进合格“职业人”的培养；能够强化学生的自我教育、自我服务、自我管理、自我发展、自我完善，全面提高学生的综合素质；能够增强班集体的凝聚力和向心力，创建良好的班风和学风；能够培养学生的爱国主义、集体主义精神，增强学生的组织纪律观念、职业观念，帮助学生树立艰苦奋斗、勤俭节约的作风，为其形成正确的世界观、人生观、价值观打下良好基础。主题的设计，既要体现时代精神，与时俱进；又要贴近生活，贴近学生，贴近专业。同时，开展的形式可以是知识竞赛、技能比赛、交流会、讨论会、艺术欣赏、郊游、演讲、辩论、小品、表演等一种或几种相结合。

（3）社团活动

以社团活动为载体，加强优势品质培养的多元性。社团是学生的群众性组织，社团活动是满足学生多元化需求和个性发展的校园文化基本载体，是培养“职业人”素质、能力的重要途径。高职院校应以社团文化月为依托，以社团活动为载体，从以下几方面来开展雷锋式职业人社团活动：一是增设雷锋式职业人素质训练营社团，同时加强对社团活动的整合，使社团活动规模化、项目化、专题化，更能服务于雷锋式职业人培养的需要；二是成立二级社团和社团联合会，将社团活动纳入课程体系，进入“雷锋式职业人”培养方案的教育系统。

（4）素质训练网校

网络的飞速发展也使高校的育人环境从传统的“高墙环踞”，转变为没有边界的“社会大学堂”，因此，高校育人工作需要将更多的资源整合为全方位的育人平台。为了紧跟网络时代的发展，学院建立了线上和线下、课内和课外相结合的全程化素质训练模式，通过“雷锋式职业人”素质拓展训练网校构建以“素质测试—素质训练基本理论学习—素质训练—论坛”四位一体的网上素质课程训练体系。学生在线上先进行素质测试，针对自身素质测试情况，展开素质训练基本理论的学习，进而参与素质训练活动，最终在论坛中畅所欲言，提出在参与素质训练学习与活动中的疑惑与困顿，分享经验与喜悦。

（5）户外素质拓展训练

户外素质拓展专项训练是一种体验式学习，目的是围绕“团队成长”的核心主题，通过野外活动、体验感受、交流反思等活动，增强团结合作意识，可以培养学生健康的心理素质和进取的人生态度。学院制定《学生素质拓展活动管理办法》，建立校内、校外雷锋式职业人素质训练基地，以寝室、社团、班级等为单位广泛开展各种形式的户外素质拓展活动。在拓展训练中，个人项目和团队项目应交叉进行，受训者在挖掘个人潜力的同时，从集体中感悟“1+1>2”的道理，系统培养“雷锋式职业人”的核心品质。

3. 志愿服务

社会实践课程是“雷锋式职业人”核心品质培养的重要一环。长沙职业技术学院将学生的社会实践活动作为学生服务社会、增长才干的有力抓手，特别是将社会实践课程作为必修课程纳入社会活动课程板块，进一步强化了社会实践课程对优势品质养成的重要作用。学院始终坚持暑期以“三下乡”为主、寒假以“专业实践”为主的社会实践活动，坚持“社会实践与学生专业特长相结合、与社会服务相结合、与创新创业相结合、与择业就业相结合”的原则，在充分调动学生积极性的基础上，通过广泛开展以社会调查、时事宣讲、文化宣传、支教扫盲、法律普及、专业服务为主要内容的实践活动，让学生在服务社会的同时了解社会、走近百姓、获取知识、强化技能。同时，我院还以公益服务为载体，加强优势品质培养的实践，公益服务活动以“立足校园、服务社区、走向社会”为目标，大力弘扬奉献、友爱、互助、进步的活动宗旨。学生通过帮助他人感受幸福，通过奉献社会实现自我，通过专业实践体验成长，在服务社会和服务他人的同时进行自我教育，从而增强社会责任感和使命感，提高“职业人”的人生品味和境界。

案例4　建设“雷锋超市”

“雷锋超市”是以提供一定的物资救助和志愿服务为内容的志愿服务载体，探索建立志愿服务的长效机制，搭建慈善爱心平台和志愿服务认证平台，能够让富有爱心的人找到帮助他人和捐助的途径，让需要帮助的人找到接受捐助的途径，在一定范围内实现志愿服务的反哺，达到校园内师生互助互爱、校园外多个专业志愿服务队结对帮扶，鼓励更多的学生加入到志愿服务当中来，让志愿服务成为学生感悟雷锋精神、提升价值追求的有效载体，有效推进和谐校园建设。

表5 “雷锋超市”考核评分表

年 月

项目	考核内容	评分标准	得分
服务质量（70分）	建立志愿者登记台账（10分）	不建立不给分，台账记录不全扣1~5分	
	建立开展志愿服务情况登记台账（5分）	不建立不给分，不全扣1~3分	
	完成全市统一的志愿主题活动（40分）	未参与扣6分，完成不好扣1~5分	
	定时更新志愿服务供需信息（10分）	未建立供需信息扣5分，未按时更新扣1~5分	
	配合校区开展其他中心工作（5分）	积极配合3分，有记录2分	
日常维护（15分）	维护“雷锋超市”形象，保持干净整洁（2分）	未能保持干净整洁扣1~2分	
	雷锋超市标识干净醒目（2分）	标识不干净醒目扣1~2分	
	公示信息张贴整齐，宣传资料摆放有序（2分）	张贴不齐，摆放不齐扣1~2分	
	公用电话通讯正常（2分）	通讯不正常扣1~2分	
	超市所配相关设备物品无损坏（7分）	物品有非正常损坏扣1~7分	
群众评价（15分）	随机抽取30位学生对志愿服务站工作进行评价：满意（ ）票，基本满意（ ）票，不满意（ ）票	满意每票得0.5分，基本满意每票得0.2分，不满意每票扣2分	
总分	100		

注：总分90分及以上为优秀；总分80分及以上为合格；80分以下为不合格。

4. 典型培育

典型示范作为新时期思想政治工作的常规性工作方法，主要运用先进的典型代表事例，发挥示范作用，引导人们了解典型、学习典型，增强思想意识。一是建立“雷锋式职业人”典型培育内容体系。出台《雷锋号先进集体、雷锋式先进个人创评实施办法》，编写《雷锋号班级创建手册》《雷锋号寝室创建手册》《雷锋号实训室创建手册》，从创建目标、创建原则、创建内容、考核标准、优秀案例等方面进行全方位阐述，创评过程注重网上网下联动，形成系统的“雷锋式职业人”典型育人格局。同时，积极开展“三创三评”活动，即创“雷锋号”班级、“雷锋号”寝室、“雷锋号”实训室；评“雷锋式”学生、“雷锋式”志愿者、“雷锋式学生标兵”。二是建立“雷锋式职业人”典型培育考核体系。建立“院—系—班”三级联动考核运行机制，形成“合格—优秀—示范”三级考核评价机制，将考核结果与系部、辅导员、学生干部考核挂钩。三是开展“雷锋式职业人”先进集体、先进个人表彰活动。通过创建“雷锋超市”和评选“雷锋式学生”，一批先进雷锋式学生典型被树立。

案例 5　评选“雷锋式学生”

“雷锋式学生”就是指在成长过程中将雷锋精神充分吸收、传承，并纳入自己的思想道德之中的学生。高职学院要培养的学生，更应具备雷锋的职业素质和职业精神。在创评过程中，高职院校应形成每个学期开展“五型学生”评选和每年度开展“雷锋式学生年度人物”评选的常态化制度。第一，开展“争做‘五型学生’”的学雷锋标兵评选活动。“五型学生”即学习型（知识技能学习成绩突出）、服务型（乐于奉献、志愿服务）、创新型（创业、规划、发明、创造）、协作型（团队意识，组织相关活动，影响力大）、健康型（积极参加文化、体育、艺术等各类竞赛活动）学生的评选，评选每个学期开展一次，每次评选 10 名学生，次年 3 月份举行年度表彰活动。第二，开展“雷锋式学生年度人物”的学雷锋先锋评选活动。“雷锋式学生年度人物”是在上一年度 20 个“五型学生”的基础上，评选 5 名人物作为学院年度学雷锋的典型，更好地发挥典型示范的思想政治教育中的作用。每年 12 月启动评选工作，次年 3 月开展年度表彰活动。

表6 长沙职院评选“学雷锋先锋”和“学雷锋标兵”量表

类型		评选标准	具体要求及分值	权重	评分
学雷锋标兵	学习型	勤学肯钻	1. 学习年级排名前20名。(40分) 第一名计40分，每降低一个名次减去2分。 2. 博览群书，有良好的学习习惯。(30分) 调查测评，经常进入阅览室、图书馆。 3. 专业技能竞赛获奖。(30分) 一二三等奖，国家级计30、25、20分；省级分别计25、20、15分；市级计20、15、10分。	100	
	服务型	感恩奉献	1. 志愿服务达500小时以上。(50分) 每10小时或计1分，查阅道德银行的记录，或相关部门提供证明。 2. 人际和谐，生活中常有感恩行为。(10分) 调查测评，是否承担家务，对曾经帮助的人是否有感恩行动，是否有回报社会行为。 3. 积极投身爱家乡、爱社区、爱学校的建设性活动。(10分) 查记录，每次活动计5分。 4. 典型的爱国主义事迹（如三支一扶、支援灾区等)。(30分) 查阅真实材料，需辅导员签字，部门盖章。	100	
	协作型	诚信协作	1. 主持或参与大型团队活动和项目建设。(40分) 主持校级活动项目每次计10分，参与2分；主持校级以上活动每次计20分，参与5分。 2. 诚实守信、善于协作。(30分) 调查测评。 3. 有典型的诚信协作事迹。(30分) 查阅真实材料，需辅导员签字，部门盖章。	100	
	创新型	大胆创新	1. 项目规划和策划得到运用。(40分) 提供资料，辅导员签字认可。院级项目每项加10分；市级项目每项加20分；省级一项加40分。 2. 有创业经历和创业业绩。(30分) 提供资料，辅导员签字认可。有创业经历加10分，有业绩加20分；有社会效益和经济效益加30分。 3. 获得专利或技术创新成果应用。(30分) 查阅相关材料，需辅导员签字，部门盖章。	100	

<table>
<tr><th colspan="2">类 型</th><th>评选标准</th><th>具体要求及分值</th><th>权重</th><th>评分</th></tr>
<tr><td>学雷锋标兵</td><td>健康型</td><td>阳光豁达</td><td>1. 心理健康、积极向上，阳光豁达。(20 分)
调查测评。
2. 身体健康，有锻炼身体的习惯。(20 分)
调查测评。
3. 有体育获奖纪录。(30 分)
一二三四五名，省级分别计 30、25、20、15、10 分，六至八名加 5 分；市级或院级一二三四名分别计 20、15、10、5 分，五至八名加 2 分。
4. 从心理上援助同学或他人的典型事例。（30 分）查阅真实材料，需班辅导员签字，部门盖章。</td><td>100</td><td></td></tr>
<tr><td>学雷锋先锋</td><td colspan="3">符合“五型”雷锋式学生的全部要求，五型的各项分值不低于 70 分，总分不低于 420 分的学生。</td><td>500</td><td></td></tr>
</table>

注：以上项目的评选过程中，发现参评者有违法乱纪和不道德行为或者存在不良记录的情形均实行一票否决制。

（二）培育机制

1. 运行机制

成立“雷锋式职业人”实践育人培养领导小组，下设办公室，设学生工作处，负责落实领导小组布置的各项工作任务。各系部、处室成立“雷锋式职业人”实践育人工作小组，由系主任任组长，系学生工作负责人、副主任、团总支书记等为成员，负责本系部“雷锋式职业人”实践育人工作。在学院内下设教书育人、管理育人、服务育人、研究推广四个工作组，形成“四位一体”的工作运行机制，全方位实施各项活动：

一是教书育人组，以教书育人为中心，明确人才培养目标。该组负责“雷锋式职业人”实践育人体系中学生培养教书育人工作的落实。教务处负责制定《长沙职业技术学院“雷锋式”教师道德规范》和《“雷锋式”教师评比办法》，开展创评活动，并负责教学课堂的常规管理和评价工作；学工处负责“雷锋式职业人”学生培养的系统设计和规划，开展“雷锋式职业人”学生素质拓展训练活动、“雷锋式”学生先进个人和“雷锋号”

学生先进集体评选表彰活动、“雷锋式职业人”素质测评工作。

二是管理育人组，以管理育人为抓手，综合提升学生能力。该组负责“雷锋式职业人”实践育人体系中管理育人工作的落实。负责制定《“雷锋式”公仆职业道德规范》和《“雷锋式”公仆评比办法》。处室、系部根据道德规范和评比办法对本单位的成员进行系统学习和培训，定期开展创评活动。

三是服务育人组，以服务育人为手段，全面提升学生素质。该组负责“雷锋式职业人”实践育人体系中服务育人工作的落实，负责制定《长沙职业技术学院“雷锋式”服务明星基本规范》和《“雷锋式”服务明星评比办法》。处室根据道德规范和评比办法对本单位的成员进行系统学习和培训，定期开展创评活动。

2. 保障机制

（1）组织保障

“高职成功素质训练中心”更改为“雷锋式职业人素质训练中心”，书记院长任领导小组组长，主管学生工作和教学工作的副院长任领导小组副组长，由学工处处长任领导小组办公室主任，领导小组成员和项目组成员由各系部书记担任。项目研究与实施实行项目主持人负责制，采取例会制度开展工作。中心主要任务有：加强“雷锋职业精神融入高职学生职业精神”的研究；制定“雷锋式职业人素质训练工程”示范建设项目的实施方案；开展师资队伍培训、学生系列专题训练、学生日常管理训练、课堂渗透训练；制定公共选修课的课程标准，加强课程建设；对项目进行典型示范与推广，加强宣传报道。

（2）制度保障

“雷锋式职业人”实践育人是一项系统工程，在实施过程中，要不断健全和完善各项工作制度，规范建设制度和标准，健全部门协调联动机制，促进素质培养工作的有序系统开展。首先，将“雷锋式职业人素质训练”公共选修课纳入各专业人才培养方案。其次，规范公共选修课的开课形式。采取以辅导员队伍为主的授课模式，辅导员承担 8 种素质的训练（另外，思政教师承担 2 种素质的训练），按照计划辅导员应在一年内对每个班完成 8 种素质（16 个课时）的训练，并提供完整的教学计划、教案、训练图片、教学后记，学生素质测试合格率达到 80% 以上时，学院将辅导员承担的选修课课时纳入工作量。之后，公共选修课完全进入教务选课系统，实行教师（含辅导员）自主申报选修课，学生自行选课的模式开展教学，按照选修班1学期18课时1学分开设选修课。

（3）队伍保障

按照高职“雷锋式职业人”人才培养的要求，高职院校应认真分析研究师资队伍建设现状，制订切实可行的师资队伍建设长远规划和近期工作计划，采取有效措施加大师资队伍建设工作力度，努力建设一支教育观念新、改革意识强、师德高尚、有较高教学水平和实践能力、专兼结合的师资队伍。教师和管理人员是实践育人的最重要的组织者和实施者，是实践育人的主体；学生素质训练员和社团干部队伍是“雷锋式职业人”实践育人的中坚力量，必须让他们认识到实践育人是一个关系到能否培养出高素质高技能人才的重大问题，从而提高他们进行实践育人的自觉性和责任心；要使他们把实践育人提到与教书育人、管理育人、服务育人同样的认识高度。

（4）基地保障

“实践育人基地是开展实践育人工作的重要载体”，建立稳定的基地对实践活动的影响深远。一是突出实践基地的细分性。要综合考虑、统筹兼顾，从实践育人活动的内容本身、“雷锋式职业人”成长成才的实际需要，建立一批类别细分、功能多样、各具特色的实践育人基地。要建立校内“雷锋式职业人”素质训练基地；要依托高新技术产业开发区、工业园区建立“雷锋式职业人”就业创业基地；要依托雷锋纪念馆、雷锋镇等有关爱国主义教育基地、城市社区、农村乡镇、工矿企业、部队、社会服务机构等，建立志愿服务基地。二是体现实践基地的共建性。打造实践育人共同体，需调动学校、学生、地方三者积极投入到实践基地的建设中，高校要加强对基地的智力支持和综合服务，地方和相关部门要为基地建设提供政策扶持、经费保障和相关支持，学生要珍惜和抓住基地难得的实践锻炼机会，三方推进，形成合力，共同受益。三是确保实践基地的长效性。要加强对实践基地的日常管理，经常依托基地开展实践活动，推进基地实践活动常态化和项目化，确保基地的实践育人活动持续、稳定、健康发展。

3. 评价机制

（1）建立“雷锋式职业人”培养考核制度

雷锋式职业人项目考核分为“雷锋式教师”、“雷锋式职工”、“雷锋式学生”三大板块，其中以“雷锋式学生”的考核为核心。

对“雷锋式教师”培养工作的考核，由各系部“雷锋式教师”培养工作领导小组负责。考核一律实行量化打分办法。具体量化打分考核的办法及标准详见各创评项目的评分标准。量化考核结果存入教师档案。

对“雷锋式职工”培养工作的考核，由职工所在单位负责，通过个人总结、群众评议、综合评语的办法进行考核。也可参照教师量化打分办法实行。

对“雷锋式学生”培养工作的考核，由学工处牵头，教务处、招就处、后勤处、保卫处等部门配合，系部具体组织实施，对“雷锋式学生”培养的综合素质进行综合评定，评定结果存入学生档案，作为学生评奖评优的重要依据。“雷锋式学生”的培养考核主要从三方面着手：

首先，确定育人目标。按照培养“雷锋式职业人”的要求制定实践育人教学大纲，确定实践育人总体目标和实践内容。学校可在校内集思广益的同时借鉴其他高校的经验，确定自己的总体目标，再将总体目标细化成各个小项。将与实践育人相关的课程纳入教学体系，制定规范的考核项目，建立合理的考核机制。

其次，加强过程管理。统一印制“雷锋式职业人社会实践经历卡”，粘贴照片，人手一册。记录实践过程和实践单位对实践情况的简短评价，并签字盖章，作为评定社会实践学分的重要依据。学生要将实践中的表现、思想收获以及调查报告、心得体会等形成文字材料，在每次活动结束后交到辅导员处，作为他们的社会实践活动的评分及综合素质分评定的依据。

最后，规范学分认证。每年10月，统一上交大学生社会实践经历卡，将学生参加实践获取学分情况在《雷锋式职业人素质拓展证书》上予以认证，并作为评奖、评优的重要依据。证书由学院统一保管，在学生就业或其他需要时提取出示，作为其参加社会实践等素质拓展活动的证明，增加学生实践经历的可信度，增强用人单位对学生的信任度。

（2）建立“雷锋式职业人”培养奖励制度

学院每年评选一次先进集体和先进个人。对培养“雷锋式职业人”教书育人、管理育人工作突出的处室、系部和优秀的教师、职员，学院授予“雷锋号处室“和“雷锋式教师”称号；对培养“雷锋式职业人”服务育人表现突出的集体和个人，学院授予“雷锋号示范窗口”和“雷锋式服务明星”称号；对“雷锋式职业人”培养中表现突出的学生，学院授予“雷锋式学生”、“雷锋式志愿者”、“雷锋号班级”、“雷锋号寝室”、“雷锋号志愿服务队”称号。

(3)“雷锋式职业人”培养情况的量化考核与评聘教师职称、晋升职务、提升工资、评选先进、选派进修、入党、入团等切实联系起来

值得一提的是，教师职称评聘要建立有效机制，确保育人工作真正成为条件之一。教师育人量化考核打分达不到及格标准的，取消评职资格和评选各类先进资格；教书育人量化考核优秀者，评职晋级时在其他条件大体相当的情况下优先考虑。

(三) 培育模式

1. 构建原则

构建“雷锋式职业人”实践育人模式，进一步凸显实践育人在大学生思想政治教育中的内在属性，发挥实践育人的优势，需要重点把握好以下六大原则。

(1) 思想性原则

思想性，是指教师在组织教学中，通过向学生传授马克思主义思想政治理论，培养学生的思想政治素质，引导学生树立科学的世界观、人生观和价值观，塑造诚信、守责、团结、进取和具有创新精神的新时代的大学生。在“雷锋式职业人”育人实践活动中，教师要从雷锋职业精神的内涵出发，通过实践活动让学生真正认识到雷锋职业精神是什么，为什么重要，如何来学习把握，让学生从内心里相信教师所传递的价值理念，从而通过思想改变行为。

(2) 实践性原则

在实践育人过程中坚持实践性原则，要求人们必须参与实践，必须在实践中促进认识能力的进一步发展，在实践中检验认识成果的正确性。没有实践，就不能获取对事物本真的认识。没有实践，认识的发展就失去了动力，更不会有创造性的思维成果。在“雷锋式职业人”实践育人模式中，为强化实践教学，采取“3+2”或“4+1”的授课方式，每完成3~4学时在校理论课学习，配合1~2学时的相应实践活动，将短期集中实习化为长期分散实习，发挥实践育人的持续和长效优势。在形式上，主要通过

雷锋式职业人素质训练营、户外素质拓展训练，将雷锋精神、品质外化为具有实践意义的社会活动与素质训练，从而体现其实践性。

（3）全面性原则

全面性原则要求教育实践过程以学生为中心，做到全员育人、全过程育人、全方位育人，充分发挥德育和心育在培养人、塑造人、提高人、转化人等方面的重要作用，使一切工作都立足于、服务于、指向于学生的成人成才。雷锋式职业人实践育人模式的全面性体现在：一是全员育人，从师资的雷锋职业人的培养出发，培养教师“雷锋式职业人”、职工“雷锋式职业人”，进而培养学生“雷锋式职业人”；二是全过程育人，包含日常管理、素质训练、志愿服务、典型培育四个方面，以素质训练为主渠道，通过公共选修课、主题班会、社团活动、素质训练网校、户外拓展等来实现实践育人；三是全方位育人，要求充分利用各种教育载体，主要包括学生综合测评和奖学金评比、贫困生资助与勤工助学、学生组织建设与管理、校园文化建设、学风建设、诚信教育、社会实践等，将“雷锋式职业人”培育寓于其中。

（4）模块化原则

“雷锋式职业人”实践育人的新模式按照模块化原则构建，即变成“模块式”加“主题式”，从大学生品德培养、能力提高、素质拓展、社会认同的需要出发，依托现有的校内外各种社会实践资源，在某一特定实践机制的统领下，设计一系列主题之间既相互联系又各自独立、形式新颖、内容丰富、特色鲜明、吸引力强的实践活动“模块群”：主题班会专题训练、课堂渗透训练、素质节展示训练、日常管理训练、社会实践训练、户外拓展训练、网校训练等模块。

（5）项目化原则

大学生实践活动要遵循“项目为主线，教师为主导，学生为主体”的思路，实践活动由从事大学生思想政治教育的教师和有相关科研项目的专业教师共同进行指导，组建项目团队，将有共同兴趣爱好和相似个性特征的大学生组织在一起，发挥合作优势，合理配置资源，精心准备拟申报项目，从收集资料、设计方案、实施项目、监督管理到考核评价，都要求大学生运用所学专业知识和综合协调能力，创造性地完成实践任务。项目结束后学校要及时点评，树立品牌，注重推广，既能够确保实践活动的思想性和教育性，提高他们的实践能力、创新能力和发展能力，又能够实现实践活动的服务性和效益性。

（6）社会化原则

高校应广泛吸纳社会各方面优势资源，特别是积极与当地政府、企事业单位和社会团体寻求合作，争取把社会资源吸引到高校实践育人活动中来。高校在设计思想政治教育实践活动时应充分调研，针对培养目标和学生实际，注重发挥社会资源的育人作用，可以与实践单位共同制定培养方案，签署实践协议，要广泛拓展实践育人社会资源，积极建立校外实习实践基地，通过学校、企事业、社会团体等机构的有效组织，为大学生提供便利的实践条件，提高实践育人工作的质量。

2. 构建模式

高职院校构建包含“一个中心，两个体系”的雷锋式职业人实践育人模式。“一个中心”是指雷锋式职业人实践育人中心，“两个体系”一是指以“课程—项目—典型”为核心的雷锋式职业人实践育人执行体系，即通过《雷锋式职业人素质训练》公共选修课，打造系列素质训练项目，使雷锋式职业人素质训练覆盖全体学生，并且树立“雷锋式”学生、“雷锋式”志愿者、“雷锋式标兵”等先进个人典型与“雷锋号”班级、“雷锋号”寝室、“雷锋号”实训室等先进集体典型。二是指以“基地—队伍—制度”为核心的雷锋式职业人实践育人保障体系，即通过雷锋式职业人素质训练基地，加强雷锋式职业人教师队伍建设，建立并完善雷锋式职业人培育的系列制度。基地建设方面，通过户外拓展活动与志愿服务活动，学生在“实践”、“体验”、“习得”、“感悟”、“养成”等一系列的“行为训练”实现“铸雷锋品质，做职业达人”的目标。师资队伍建设方面，学院可以通过培养培训与评先评优活动选树一批雷锋式教职工先进典型，建设一支包括辅导员、思政教师、专业课教师、素质训练师在内的高素质师资队伍，打造一个行政职员、专业教师、后勤管理人员在内的全方位育人环境。制度建设方面，根据雷锋式职业人的培养目标，学院结合自身实际情况，制定雷锋式职业人培育的各项保障措施、管理制度和评价体系，将雷锋式职业人培养纳入制度轨道体系，使雷锋式职业人培养有制可依、有序可循。

第五章 “雷锋式职业人”合作培育模式

一、核心内涵与现实意义

（一）核心内涵

如何整合社会资源合作共育“雷锋式职业人”呢？我们建议创建“高职雷锋式职业人教育联盟”，采取政府、院校、企业、社区多元主体合作模式推进。“高职雷锋式职业人教育联盟”是以培养“雷锋式职业人”，提升职业人职业素质为目标，由政、校、企、社等主体自愿组成的联合体。该模式通过政府、院校、企业、社区多元主体形成合力，有计划、有组织地对受教育者实施影响，以实现政策支持、资源共享、目标对接、平台共建，营造良好的外部育人环境，提升人才培养质量。“雷锋式职业人”合作育人模式是对原有育人方式的突破与创新，重在从育人环境入手，营造氛围，相互支持，形成合力，有效地提高育人的针对性与实效性。

（二）时代意义

1. 合作培育有利于创建良好的育人环境

现代经济社会技术技能人才的素养体现在两个方面，一是适应职业发展和经济结构产业调整的专业技能素养，二是适应社会先进文化发展水平、具有较高意识形态的职业道德素养。① 职业道德素养与专业技能素养两个方面相互促进，相得益彰，使职业人在劳动过程中不断增强创新意识、提高创新能力，达到现代企事业单位的用人标准，在新常态的经济社会中具备较强的竞争力。现代经济社会的发展，要求人才的培养不能仅仅拘束于一个专业、几项技能，而要围绕经济社会的时代要求全方位提升学

---

① 姚艳秋．新形势下艺术院校大学生学雷锋常态化机制建设探析［J］．辽宁农业职业技术学院学报，2014，04：60 - 61.

生的综合素质，做到“宽基础，厚功底”。在互联网+、智能化发展的时代里，中国呈现出由传统制造大国向智能制造强国转型的新特点，面临着由第一、二产业向第三产业转向的新情况，以往单纯地注重技能培养、专业培养的职业教育观已经无法适应新时代的要求。新一代的技术技能人才培养尤其需要精益求精的“现代工匠精神”，要求政府、院校、企业、社区形成合力，共同肩负起培养社会主义事业合格建设者的历史重任，要求未来的职业院校不仅能培养出适应经济发展的高技能人才，而且还应当使其具备较高的政治素养、丰富的精神世界、优良的职业道德。培养“雷锋式职业人”的教育理念正是在这种历史机遇中孕育而生。2012 年 2 月 28 日，中宣部对雷锋精神的时代内涵进行了阐释，认为雷锋精神的时代内涵包括理想信念、奉献精神、敬业精神、创业精神、创新精神五个方面，这五个方面已经与现代职业精神高度契合。作为高职学院，将雷锋职业精神内化为学生的职业品质，外化为学生的职业行为，全面提高人才培养质量，是我们义不容辞的责任。

2. 合作培育有利于巩固政校企社的依存关系

历史证明，社会结构始终经历着一个由简单到复杂的发展过程。社会组织内的每个经济体之间、每个单位之间的联系随着社会的前进，彼此间的依存度也越来越高。政府、院校、企业、社区在其功能性转变的过程中相互依存，共同推进着经济社会发展这一宏伟目标。从理论上看，同样作为微观经济体的院校与企业之间通过物质资源与人力资本这两个核心要素建立了广泛的基础，政府和社会其他组织介于两者之间发挥着各自的功能。然而现实中维系于政府、院校、企业、社会之间的依存关系并非完全对称，院校对企业资源的依赖度较高，而院校所能提供给企业的人才储备、科技成果转换却未能达到企业的标准。① 关键原因在于人才培养（含技能和素质）未形成切实有效的机制。雷锋式职业人的合作育人模式，通过政府主导、行业指导、院校主体、社会参与形成合力，有利于培养具备大局意识、创新观念、协作精神、乐于奉献等符合社会主义核心价值观的现代化人才，从根本上实现德育为先、技能为重、全面发展的育人目标；

① 高炜．论雷锋精神的时代特点与学雷锋活动的发展趋势［J］．中国青年政治学院学报，2003，22（04）：68－72.

有利于促进职业院校投入的劳动力、物质资料等要素向知识、技能、心理素质等人力资本要素的转换，提升职业院校的整体效能，促进校企间合作条件的日趋成熟，形成紧密的依存关系。

3. 合作培育有利于促进多元文化价值趋同

改革开放接近40年，生产资料所有制与分配方式的转变，国际不断深化的交流合作，全球经济的一体化，导致时代出现了“多种利益主体并存”、“多元化价值观念并生”的新特征。中国长期以来传统的“大一统”思想被适应市场竞争环境、充满活力、富于创造的现代价值观念所取代。个人的主体性和创造性得到了空前的提升，同时也加剧了个人主义思想的骤升，造成集体主义精神和劳动光荣观念，与个人主义思想和享乐主义观念的强烈冲突。随着世界经济一体化格局的形成，经济体融合的同时所带来的文化渗透，对我国主流价值观与优秀传统文化产生了不小的冲击。极少数对西方文化盲目崇拜的组织和个人，在价值观的抉择中，全盘否定集体主义、民族大义等优秀的传统文化观念，主张利益至上，将人们的精神世界直接引入“虚无主义”。尽管多元价值并存的现状在市场经济条件下具有其存在的合理性，但是如果缺失优秀主流文化的引领，缺乏社会主义核心价值观的主导作用，必将导致人们信仰迷失、价值混乱。雷锋精神继承了中华民族自古以来的优良美德，是社会主义核心价值的生动体现。加强以雷锋式职业人为核心的职业道德体系建设是整合政府、院校、企业、社会多个层面对现代职业人职业道德的要求，对统摄行业文化建设和思想意识形态、培养崇德尚能人才、保持经济活力、维系社会和谐具有深远意义。

二、理论依据与合作内容

（一）理论依据

1. 德育主体论

从德育视角来看，品德是个体素质的重要组成部分，在个体全面发展中发挥着价值定向的核心作用。个体品德素质的整体状况关乎社会整体道德水平，对民族软实力的提升具有重要意义。传统的教育观片面强调教师的主体地位与作用，认为德育是在教师的组织与引导中对学生施加的外部影响，意图通过灌输社会的道德规范与行为准则构建学生道德认知结构，将学生置于被动的知识接受者的地位。其实，个体既是道德品质的自主生成者，也是道德品质的外部体现者，倘若无视学生个体在道德教育互动过程中的主体性作用，便无法使个体在德育中进行主动的思考和体验；承认学生在德育过程中的主体地位，便是尊重教育的普遍规律，有利于调动学生的认知自觉，促使学生在道德教育过程中，主动思考并参与道德判断与选择。“政校企社”合作育人模式有利于开阔道德视野，加强育人目标对接，打破固封的教学环境，整合社会资源，营造良好的育人环境，为高职院校提供开放的育人环境。

2. 德育外铄论

以杜威、柯尔伯格的理论为代表的观点认为，品德并非内在的、与生俱来的道德品质的自然生长，也绝不是受外部环境影响，逐渐被塑造而成的产物，而是教育者与被教育者之间相互影响、相互作用的结果。① 建立在校企合作平台基础上的“雷锋式职业人”教育实践活动具有双重功能。一是“价值引导”功能。社区提供的实践活动有利于帮助学生理解道德要求、道德规范，内化道德品质。例如，雷锋精神所蕴含的道德品质与修养源于生活、高于生活，学生通过参观雷锋故居、雷锋纪念馆，立足岗位开展志愿服务活动，可以真切感知到雷锋所具有的人格魅力及其社会成因。二是“价值构建”功能。学生在处理社会关系中可以认清责任与义务的实在性并予以承担，同时在社会协作与交往中自主构建人格，得到自主成长、自主发展。校企合作为拓展学生社会实践的广度与深度，构建健全人才提供了广大的平台。

（二）合作内容

1. 合作研究

（1）加强对“雷锋职业精神”的合作研究。将雷锋精神和世界500强企业、现代企业用人标准充分对接，重点开展“雷锋职业精神研究”、“雷锋精神的时代价值研究”、“高职雷锋式职业人的道德素质培养研究”、“雷锋式职业人职业品质培养的方法途径研究”、“职业院校学雷锋活动常态化管理的机制体制研究”、“以学雷锋为主线的特色校园文化体制机制研究”等一系列重大课题的研究，为培养雷锋式职业人奠定理论基础。

---

① 李毅红．优良职业品质与大学生职业道德教育［J］．高校理论战线，2008（5）：39－41．

（2）加强对雷锋式职业人培养标准的合作研究。依托院校合作企业，共同开展现代企业用人标准调查研究；根据现代行业、企业对人才质量规格的要求，共同研讨人才培养方案中的人才素质标准、素质课程设置和素质课程标准；开展实训研究，共同研究制定雷锋式职业人职业品质测评体系。

（3）联合申报课题和开发社会服务项目。可联合申报以雷锋职业精神研究及实践应用为主要方向的省级以上课题和项目，合作开发各种社会服务项目和素质训练项目，提升高职院校的科研能力与社会服务能力。

2. 合作育人

（1）成立指导机构。联合成立雷锋式职业人培育教学指导委员会，研究制订雷锋式职业人培养计划、实施方案、测评体系。

（2）合作开发特色教材。共同编写学雷锋系列素质教育特色教材，合作编写雷锋式职业人职业品质测评手册，为提升学生素质水平和就业能力提供教材依据。

（3）合作开发核心课程。通过合作研究，共同开发“雷锋式职业人素质训练”课程，开发 MOOC 和其他网络课程，共享网络课程建设成果。

（4）合作策划实践项目。高职院校学工处、团委共同创造性地策划学雷锋特色项目，将雷锋精神贯彻到大学生的日常行为管理、实习实训活动、社团活动、社会实践活动中去，增强育人的实效性和针对性。

3. 合作发展

（1）创建全国高职院校雷锋式职业人教育联盟。联合全国各省高职院校，共同搭建合作平台，制定规章制度，携手创建“全国高职院校雷锋式职业人教育联盟”。

（2）共建素质教育师资团队。将学院思政教师、辅导员、心理教育教师、学团工作人员联合起来，组建素质教育师资团队，加强培养培训和业务交流，打造素质训练特色，促进教师互访，形成团队合作机制，实现共同提高、共同发展的目的。

（3）共同打造素质教育特色品牌。共建专业教学团队，联合开发核心课程，共建省级以上精品资源网络共享课程；建立跨校教材编写团队，联合开发特色规划教材；联合推出雷锋式职业人优秀毕业生典型代表，推出优秀教学案例和素质训练项目，将雷锋式职业人的培养打造成具有示范意义的素质教育特色品牌。

4. 资源共享

（1）建立雷锋式职业人教育联盟网站。充分发挥各自教育教学优势，明确素质提升目标，制订育人计划，创新德育模式，利用网站开展校际合作与交流，大力推进高职人才素质培养模式的改革。

（2）加强信息沟通与交流。依托联盟网站，共建信息服务平台；开通QQ群、公共邮箱，实现教学资源共享；加强宣传和交流，加强与所在城市的各级党委宣传部，省教育工委、团委的密切联系，共同推进培养基地的可持续发展。

三、培育路径与模式构建

（一）合作培育路径

在“雷锋式职业人”教育联盟运行过程中，我们需要厘清各主体间关系，把握主体功能作用，形成长效运转机制。目前来说，各主体的合作培育路径主要有以下三种，包括“政校合作”培育模式、“校企合作”培育模式、“校校合作”培育模式。

1. 政校合作

政校合作的功能主要是“争取政策支持、促进领域合作、搭建合作平台”。政校合作分三步走：一是统一认识。构建政府与高职院校的对话平台，实现双方对于高职人才培养方面的统一认识，结合园区规划、国家职业教育发展规划制定地方政府提升职业院校人才培养质量的战略规划，促进社会经济发展和国民素质提升。二是促进合作。政校合作有助于提升职业院校的社会服务功能。比如省市社科联在高校设立科研基地委托课题攻克难关，为政府决策提供参考依据；相关政府部门委托高校进行员工培训。三是搭建平台。政府与高校合作，搭建学术交流与研讨平台，素质培训平台、社会实践平台，创立新机制，实现工作互补、资源共享、提升素质、服务社会的目的。

案例6　部校合作共建“雷锋职业精神研究基地”

湖南日报5月18日讯（陈永刚 曾迪）今天上午，长沙市委宣传部与省内9所高校签订部校合作协议，双方将在理论研究、新闻宣传、精神文明建设、文化事业和文化产业发展等方面开展互利合作，实现多出优秀成果、优秀人才和精品力作。

为认真贯彻落实习近平总书记在党的新闻舆论工作座谈会上的重要讲话精神，长沙市委宣传部与省（部）属高校中南大学、湖南大学、湖南师范大学、湖南商学院、湖南艺术职业学院，市属高校市委党校、长沙学院、长沙职业技术学院、长沙商贸职院等展开积极对接。

双方将建立人员互聘机制，实行人才双向交流；建立人才互培机制，举行各类培训、实习活动；围绕长沙市宣传文化重点工作，设立工作项目、重点课题，推动多出精品力作；依托合作方高校院（系），成立长沙市宣传文化工作专家智库，在重大活动宣传策划、重要政策建议咨询、重点舆情分析会商、哲学社会科学和思想政治工作研究、精神文明建设研究、文化发展规划拟定、文化产业发展研究、文艺评论和创作等方面提供智力支持。（完）

在本次部校合作后，中共长沙市委宣传部对长沙职业技术学院在雷锋职业精神研究方面取得的成果进行了考察，并于2016年7月1日在长沙职业技术学院挂牌成立了“雷锋职业精神研究基地”，重点研究雷锋职业精神的时代价值和实现路径，推进雷锋精神的职业化，实现学雷锋的时代化和常态化，提升职业人的职业道德素质，促进民族产业进步和文化软实力提升。

2. 校企合作

校企合作主要从用人企业与育人院校双方的需求出发，通过在院校设立“雷锋班”，形成校企育人联合体，共同促进学生的职业发展，培养适应现代企业需求的高素质技术技能人才。

在校企合作中，作为用人主体，企业以培育“雷锋式职业人”为目标，承担着指导职业院校的人才培养计划，提供实习实训基地，派遣专业教师指导学生实习实训的任务。企业给学生提供了全真的职业环境，通过企业文化熏陶、实习实训指导、工作团队培育，在职业过程中不断强化责任、敬业、协作、高效、创新等素质，锤炼学生的职业品质，塑造健全人格，提升职业素质，培育“雷锋式职业人”。学校是育人的主体，承担着将企业对员工素质的需求纳入人才培养方案的任务，根据产教融合的原则，制定科学的人才培养方案和素质测评体系，确保雷锋式职业人的基本职业品质在学生身上得到内化。优秀企业的发展史就是一部优胜劣汰、艰苦卓绝的奋斗史。企业家用坚忍、勇敢的意志品质，创新、创业的智慧引领着企业的发展，必将在长期的发展中形成具有优秀人格影响力的企业文化。在校企合作过程中，学生在实习的过程中可以受到企业职业人的言传身教和耳濡目染，有效地增强学生实践能力和专业操作能力，增强学生的整体素质，对提升自身道德品质具有重要作用。

案例 7　校企共建“雷锋班”

长沙职业技术学院各专业在校企合作专门委员会的指导下，提出了各专业学生职业核心能力和优势品质培养目标，共有 6 家企业与我院签约共建“雷锋班”。长沙职业技术学院积极组织开展创新创业教育实施计划，拓展新型育人模式，适应新常态，主动对接和服务区域经济发展，于 2015 年出台了《长沙职业技术学院创新创业教育实施方案》《长沙职业技术学院“雷锋式职业人”培养方案》《“雷锋式职业人”校企合作培养协议》，围绕高职人才培养目标，制定了人才培养质量标准、培养机制、课程体系、教师队伍管理与考核、实践平台、评价体系等校企合作管理制度，将“雷锋式职业人素质训练”课程纳入人才培养方案，作为思想政治理论课的实践教学课程和面向全院学生开设的公共选修课来开设，成为覆盖全体学生的素质训练课程，重点帮助学生培养坚定的人生信念和精益求精的工作态度，树立创新意识、培养创意思维和创业能力，打造具有理想信念和创新创业精神的“雷锋式职业人”。

案例 8　戴姆勒铸星教育项目

长沙职业技术学院汽车工程系一直坚持走产教融合、校企合作的模式，构建校企合作平台，形成了专业共建、基地共建、人才共育的新局面。以汽车专业群为依托，学院成立了汽车专业建设指导委员会。企业人力资源经理和业务部门管理人员的加入为人才培养方案的修订及专业发展献言献策，提供了智力支持，使汽车工程系更贴近企业、迎合市场，通过企业的参与，发挥雷锋职业精神的先进带头引领作用。汽车工程系与湖南兰天汽车集团、物产中拓、戴姆勒奔驰签署联合办学共建订单班合作协议，并获得企业整车与发动机设备捐赠，共建汽车养护中心，企业技术人员和专业教师联合组建管理团队。这一平台的建立，为在校学生提供了更多更专业的岗位实习，在顶岗实习的过程中，长职教师积极引入“雷锋式职业人”的培养思维，寻找工作环节中的切入点，探索贴近实际的雷锋式职业人的培养标准，以标准促进“雷锋式职业人”的成长，锻炼学生积极行动、持之以恒、敢于钻研、精益求精的精神品质。长沙宝悦宝马4S店钣金组长李兴慰，作为长沙职业技术学院优秀的毕业生，经过自己的努力，已成为公司的骨干力量，获得了宝马厂家的岗位技术认证，同时也承担了汽车工程系汽车运用技术专业（汽车碰撞修复师方向）的实操教学工作，并取得很好效果。

3. 校校合作模式

校校合作主要围绕培育“雷锋式职业人”这一目标，整合校际资源，取长补短，不断完善人才培养方案，形成更成熟、更开放、更具操作性的人才培养模式，使雷锋式职业人培养理念覆盖更多学校，惠及更多学生。

校校合作内容非常丰富，涉及合作研究、合作育人、合作发展、资源共享等内容，通过合作制定具有普遍意义的培育目标、培育路径，教材体系、课程标准、实践路径、师资培养计划等。合作学校之间可以就一些共同重点难点问题定期开展研讨，整合师资资源，开展校际师资培训和学生实践活动，充分发挥各职业院校在培养“雷锋式职业人”工作中的地域优势、资源优势和品牌优势，加强校际交流，开展理论研究，广泛宣传，扩大社会影响，积极推动“全国职业院校雷锋式职业人教育联盟”的创建，使“雷锋式职业人素质训练工程”的教育教学成果得到更广泛的推广应用。

案例9　兄弟院校结盟共育雷锋式职业人

2014年7月，长沙职业技术学院和抚顺职业技术学院签订了“共建雷锋式职业人培养基地合作协议”，通过双方加强理论研究和课程开发，不断深化和完善雷锋式职业人的培养模式，提高职业院校传承雷锋精神的针对性和实效性，并以长沙和抚顺作为全国“雷锋职业精神研究”的源头，为全国职业院校学生和全社会的劳动者掀起“做雷锋式职业人”的新潮流提供理论支撑，为践行社会主义核心价值观提供有效载体，为提升国家文化软实力，推动经济社会和谐健康发展做出职教人应有的贡献。通过两年的合作，长沙和抚顺两地的职业院校决定牵头成立“全国职业院校雷锋式职业人教育联盟”。长沙职业技术学院和抚顺职业技术学院相继开发了《“雷锋式职业人”师资培养实施方案》《“雷锋式职业人”学生培养实施方案》，在两年的实践中形成具有可操作性的培养模式和培养路径。

2014 年 3 月，依托长沙职业技术学院主持的湖南省普通高校大学生思想政治教育示范建设项目“雷锋式职业人素质训练工程”，长沙卫生职业学院、长沙商贸旅游职业技术学院、湖南商务职院与长沙职业技术学院签约结成“湖南省雷锋式职业人教育联盟”。2015 年 11 月辽阳职业技术学院与长沙职业技术学院签约结盟，2016 年 3 月浙江商业职业技术学院与长沙职业技术学院签约结盟。长沙职业技术学院、抚顺职业技术学院、辽阳职业技术学院、浙江商业职业技术学院结盟共育雷锋式职业人，为创建“全国雷锋式职业人教育联盟”奠定了坚实的基础。

2015 年暑假，长沙职业技术学院和抚顺职业技术学院联合举行“重走雷锋路，共育职业人”的“雷锋式职业人大学生暑假社会实践活动”，60 多名互派两地的大学生在为期 10 天的教育实践活动中，亲历了雷锋成长的道路，涉猎了大量原始资料，开展了系列职业素质训练活动，了解了现代企业文化和对员工素质的需求。大学生一致认为本次暑期活动让他们受益终身。

2016 年 6 月 23 至 27 日，长沙职业技术学院应辽阳职业技术学院和抚顺职业技术学院的邀请，远赴辽宁省交流职业院校特色教育教学研究成果——“高职雷锋式职业人培育模式”。长沙职业技术学院派出 6 人团队顺利完成了“两校三馆”的学习交流任务。三所职院组织召开了“雷锋式职业人培育模式”专题研讨会，就雷锋式职业人培育项目的推进情况和存在的问题开展了讨论。长沙职业技术学院党委书记彭惊雷同志指出，学雷锋要与时俱进，既要“学雷锋，做好事”，更要“学雷锋，把事做好”，要把弘扬雷锋精神和弘扬工匠精神有机结合，培养“雷锋式职业人”就是培养高素质技术技能型人才。辽阳职院王大勇院长、抚顺职院张树和院长表示，要将“雷锋式职业人培育模式”在全院推广，惠及全体学生，整体提高学生综合素质。研讨会后，雷锋式职业人素质训练工程负责人罗慧玲副教授为两院思政课和心育课专任教师、学工系统教师举办了“雷锋式职业人培育模式的理论与实践研究”专题讲座；同时，现场展示了两堂素质训练示范课，心育中心主任彭赛红副教授展示的是“团结协作训练”，体育教研室主任张红鑫老师展示的是“意志力的训练”。讲座深入浅出、信息丰富、富于创新，素质训练课直观、生动、有趣，引起了学生的积极参与和同行的极大兴趣，与会者一致认为，“素质训练”是雷锋式职业人品质内化的有效手段，具有很强的操作性和实效性。师资团队还先后来到辽阳雷锋纪念馆、抚顺雷锋纪念馆，以及雷锋班、雷锋连、雷锋团，与雷锋馆馆长、雷锋团团长等就雷锋成长历程、雷锋精神展开深入交流。这是一次成功的师资培训活动。

（二）合作培育模式

雷锋式职业人的合作培育模式是以培养“雷锋式职业人”，提升高职学生职业道德素质，为社会培养优秀职业人为目标，通过政、校、企、社形成合力，由政府主导、行业指导、院校主体、社会参与所构建的育人模式。该模式具有道德价值的引领性、市场需求的导向性、育人模式的创新性。

1. 合作培育模式的构建原则

（1）以院校为主体，以政企社为依托原则

“雷锋式职业人”的合作培育模式具有专业育人特性。院校是学生德育工作系统开展的实施主体，拥有专业的教师队伍与得天独厚的德育资源，同时具备专业的管理组织体系，能够为社会主体间的广泛合作提供强有力的支撑，因此要充分重视院校在合作中的主体性发挥，在此基础上实现广泛的合作。

（2）行业指导，服务社会原则

合作培育的根本目的是培养高质量技术技能型人才。具体目标：一是满足个体的全面发展，实现就业；二是服务于企业、行业的发展。行业的发展离不开高素养的技能型人才，在开展“雷锋式职业人”合作培育的工作中，应当将行业的用人需求作为院校人才培养的指向标，培养出能够适应社会经济发展，充分服务于社会的各类人才。

（3）统筹管理，分层指导原则

合作育人模式下应当实行统筹管理、分层指导，教育思想要统一，实现手段要灵活。坚持统筹管理能够促进多元合作主体理念、目标上的统一，明确主体责任，形成完整的服务监督体系，有利于雷锋式职业人“四方联动”培育目标、行动一致，凝聚合力。同时分层指导能够在实践问题中灵活应对，在统筹管理的同时提高管理弹性，增强四方合作的适应性。

（4）深度融合，共建共享原则

坚持开展全方位、多层次的合作，深化合作内容，丰富合作形式，充分发挥各主体在合作育人过程中的资源优势，形成互惠互利、共建共享的合作机制，拓展创新思路，以创新合作带动合作主体的共同发展，充分发挥资源共享、信息共享在“雷锋式职业人”合作培育模式中的积极作用。

2. 合作培育模式的特点

（1）合作培育的整体性

所谓整体性就是以宏观的视角看待政校企社合作育人模式各要素之间的相互联系，将参与其中的各类要素看作是按照一定规律形成的有机整体。现代育人观不再将教育看作是只属于学校的事情或是只在学校里做的事情，而是秉持“以人为本”的教育理念，围绕着人的发展开展的一项社会性的系统工程，① “终身教育”以及“学习型社会”正是基于现代育人观发展而来。合作培育“雷锋式职业人”的模式，一方面，拓展了视域，从多个社会主体层面审视教育的人才培养质量，满足多方面的社会需求，形成社会有机体整体发展的育人标准，为人才培养的过程管理指明了方向；另一方面，整合教育资源，形成教育合力。高职“雷锋式职业人”政校企社合作培育模式是一个涉及校内外多方面复杂的系统工程，要实现其运行的有效性，需要该体系各个组成要素的共同作用，充分发挥雷锋精神的育人效应，拓宽育人渠道，将政府、学校、企业、社会互相联系起来，将各种力量整合起来充分发挥育人合力，形成一种整体的、宏观的育人模式。② 因此，要将高职“雷锋式职业人”政、校、企、社合作育人体系组织架构中的各部门、各环节、各因素看作是一个诸要素有机联系的整体，

---

① 黄绍国．论高校大学生学雷锋常态化机制的构建——以湖南中医药大学学雷锋实践为例［J］．湘南学院学报，2012（04）：116－118.

② 夏湘远．人性德性党性的完美结合——雷锋精神的时代解读［J］．长沙大学学报，2012（4）：6－8.

从宏观层面进行统筹部署，在此基础上，对政校企社合作培养体系建构总目标逐层分解，成为若干个层次、类别、方面，进行具体操作。具体操作的最终教学成果以整体培养目标作为评价标准，从目标、计划、执行、评价多个层面进行整体性考量。

（2）合作培育的全面性

人的全面发展不仅仅是个人的人生追求，也是当今教育目标所达成的共识。邓小平早就提出要培养“面向现代化，面向世界，面向未来，有理想，有道德，有文化，有纪律的社会主义新人”，素质教育也提出了要根据人的发展和社会发展的实际需要，尊重学生的主体性，必须把德育、智育、体育、美育等有机地统一在教育活动的各个环节中。合作育人机制主张两个“全面”，一方面是全面的育人机制的形成，社会工业化洗礼之后，教育特别是高等教育实现了与社会的全面接轨，人们早已意识到高等教育绝非高阁之物，然而高等教育游离现象却依旧存在，形成合作育人新机制能够从根本上实现教育与社会的融合，获得全面发展。另一方面，转变了工业分工导致的片面育人思想，实现人的全面发展。① 高职“雷锋式职业人”强调合作育人机制的重要性，将合作育人机制看作是实现人的全面发展的关键，借由多元主体的共同努力将以人为本与全面、协调、可持续发展融合进个人的能动自觉，达成合作育人的根本目的。② 通过整合政府、学校、企业、社会多个主体，以多元价值尺度去衡量雷锋式职业人的培育策略，重视从社会结构角度通过横向及纵向比较，将孤立、静止的育人标准整合为相互联系、相互制约的育人标准，从而避免了以往德育目标的片面性、零碎性，符合社会一体化发展的根本要求。新机制注重通过各种途径和手段，采用不同的方法，开展全方位育人，培养学生形成雷锋式职业人的优秀品质。在政、校、企、社的合力下，不仅将雷锋精神渗透到学校的德育中，使学生学习了雷锋的优秀精神品质，还通过顶岗实习和社会实践，培养了学生优秀的职业品质。

（3）合作培育的实效性

---

① 徐茂华，卢鹏．论雷锋精神的三个向度及其当代价值［J］．学术论坛，2015（5）：107－109.

② 赵本纲，张红专．城市精神的面相：作为“伦理生活观”的雷锋精神［J］．湖南科技学院学报，2015（04）：80－82.

实效性是指实践活动的成果达到预期计划的比例关系，是实践活动成果对于目的是否实现及其实现程度，亦即实际效果的问题。政校企社合作育人在教学效果上具有较强的实效性。首先，教学效果的实效性很大程度上取决于评价标准，评价标准的科学性、现实性越强，评价活动越趋于合理，评价结果就越真实。这就涉及“元评价”机制问题。政府、学校、企业、社会多元主体的相互配合，能够充分克服单一主体下实施评价活动中的随意性，利用主体间的监督功能，形成多层次、多层面的监督评价结构及科学的评价体系。其次，“雷锋式职业人”的培养倘若仅停留在理论层面，只是通过书面考试进行评价考核很难形成测量依据，最终将流于形式，难以发挥其真正的作用。合作育人模式下，学生通过实践活动除了能系统接受学校理论知识的学习，还会有更多的机会开展实践活动。通过开展实践活动，学生不仅能将理论和实践相结合，提高理论的应用能力，而且在实践活动中，更容易通过技术手段，观察“雷锋式职业人”的育人成果，树立正确的世界观、人生观、价值观。再者，多元主体合作育人有利于将各自领域的普遍规律凝聚到评价活动中，使评价活动更具客观性、多元性、科学性，[①] 更有利于指导育人工作的开展，极大地提升合作育人的实效性。“雷锋式职业人”的培育不是一朝一夕之事，具有一定的长期性和反复性，这就需要将育人工作贯穿于学生成长的全过程，并且在不同的时期，实施不同的教育内容，从而使教育更有针对性，更能取得预期效果，体现育人的实效性。

(4) 合作培育的开放性

教育的一个重要属性就是过程属性，它本质上由教育活动的生成性和发展动态性所决定。因为人的本质就是一个不断生成、完善并发展的过程，而教育是一个持续不断引导人自我发展、自我完善的过程。因此，个体的生成性规律和教育本质属性决定了高职“雷锋式职业人”合作育人体系必须坚持开放性，而不是封固性。因此，该体系的建构过程要十分重视开放性。开放性是高校思想政治教育实践育人体系的社会属性，它包含两层意思：一是从体系的本体论出发，政校企社合作育人体系本身不是一个

---

① 赖燕. 对社会主义核心价值观指导下的大学生学雷锋常态化的思考 [J]. 教育探索, 2014 (11): 107-108.

封闭的、固化的教育体系，其建构的初衷是在坚持以人为本的基础上，对学生进行雷锋职业精神品质的培养，因此必定需要与时俱进地更新教育内容，寻找贴近学生切实关心的社会热点作为教学案例，引导学生正确看待问题、分析问题、解决问题的思路；二是体系对于外界而言，也是开放和兼容并蓄的，在获取外界资讯的同时不断做出有益而必要的调整，才能够为学生提供广阔的实践空间。

3. 合作培育模式的体系

高职院校“雷锋式职业人”政校企社合作培育体系包括目标体系、内容体系、保障体系以及评价体系。这四个子体系之间相互联系、相互影响、互为支撑，作用于整个合作育人体系。

（1）目标体系

目标体系是高职“雷锋式职业人”政校企社合作培育模式的核心，在整个合作育人模式中起着驱动、导向和定位的作用，直接影响着育人的实效。因此，构建科学合理的目标体系是实践活动指导教师和研究者最重要的任务之一。只有将政校企社合作培育的各项任务填充到完整的目标体系过程中并加以科学地运用系统原理，在实施过程中不断进行修正、完善，才能够实现预期的育人目标。

构建高职“雷锋式职业人”政校企社合作培育模式目标体系就是要经过具体的实践教育过程，以达到使学生不断成长的目标。因此，应围绕目标体系的建构内容对“when? where? what? how?”这几个本质问题进行回答；也就是说，必须要对育人的程序、内容、类别和成果等方面进行探究。一般的教学工作包含多个目标层次，“雷锋式职业人”政校企社合作培育目标体系同样具有多层性和多维性，其本身也是一个由诸多子目标组成的系统，且每个层次有多个目标，这就要求育人的开展需要分阶段进行才能够很好地实现这些目标。根据一般教学目标体系建构的基本原理，我们可以试图从合作育人过程的时序、内容的层次、项目的类别和成果的水平等四方面建构起一个具有立体感、厚重感、科学性及有效性的育人目标体系。“过程的时序”分为大一、大二、大三不同的年级，是反映育人工作时间的先后关系的一组目标的集合。在充分考虑学生成长规律和接受规律的基础之上，培养目标分解到高职教育的三个年级当中，根据高职教育的阶段性安排从实际出发，明确每一阶段的育人目标，这样不仅利于学生自己做出更明确的规划，也有利于主管部门对实践教学进行管理和考核。“内容的层次”从低级到高级分为实践角色体验、校内外实践活动、专业岗位实践和就业实践。“项目的类别”是能够根据项目本身性质而划分的一组目标，从认知、情感以及动作技能三个领域进行设定，促进了育人质量的提高，有着非常突出的理论指导和操作价值。“成果的水平”反映学生经过合作育人而成长的水平差异，并根据育人成果的不同而划分的一组目标。它关注的是实践结果，强调对学生综合能力的培养以及对能力培养过程的评判，也能够体现对不同群体学生的人文关怀和尊重，具有科学发展观的特征。

（2）内容体系

“雷锋式职业人”政校企社合作培育内容体系是一种系统存在，是由教育对象的需要体系、规范体系、价值体系和问题体系四要素共同构成的整体。

其中，价值体系教育内容起着主导作用；规范体系教育是培养内容的基础层次和基本要求；强化教育对象需要体系与问题体系内容的导入地位，这既是育人内容体系体现亲和力的基本保障，同时也是育人体系实现“以人为本”的鲜明表现。中共中央、国务院《关于进一步加强和改进大学生社会实践的意见》提出了对大学生社会实践的总体要求，科学地规定了大学生思想政治教育的具体内容。① 使然，我们将从“雷锋式职业人”政校企社合作培育内容的层次整合角度出发，构建一个循序渐进、层次不断深化的内容体系，做到对教育对象的分类把握和保证不同品德形成发展阶段教育内容的区别整合。

在这里需要特别指出的是，“雷锋式职业人”政校企社合作培育内容体系的层次性区分是一种相对性的划分，而非绝对性的。因为，在“雷锋式职业人”政校企社合作培育内容体系中，虽然各个层次的内容的深度、广度、侧重点都不尽相同，但两个相邻层次之间有着内在的逻辑联系，即后一个层次是前一个层次的升华，前一个层次是后一个层次的前提，各个层次有着共同的目标，互成一体、相辅相成，共同构成层次分明、和谐统一的育人内容体系。因而，需在科学区分“雷锋式职业人”政校企社合作

---

① 杨束芳，侯风石．论雷锋精神的实质和时代价值［J］．理论研究，2015（2）：35－38.

培育内容体系层次的同时，高效推进不同层次之间的无缝对接，以此来保障育人的内容体系层次间的依存关系，并在此基础上共同推动“雷锋式职业人”政校企社合作培育内容体系的深入发展。

（3）保障体系

高职“雷锋式职业人”政校企社合作培育保障体系，是指保证合作育人活动得以正常、有序进行的必要的内外部条件，也称为“雷锋式职业人”政校企社合作培育体系的“安全阀”。[①] 高职“雷锋式职业人”政校企社合作培育保障体系包含四个方面：制度保障、经费保障、队伍保障、基地保障。

首先，制度保障。“没有规矩，不成方圆”，要有效构建高职“雷锋式职业人”政校企社合作培育模式，必须制定和完善宏观及微观层面的各项规章制度，以保障育人体系的正常运作。因此，高职“雷锋式职业人”政校企社合作培养体系建构要紧紧抓住制度建设这个具有根本性、全局性、稳定性的重要环节，建立健全与法律法规相协调、与高职教育全面发展相衔接、与大学生成长成才相适应的制度体系，为高职院校培育“雷锋式职业人”提供强有力的制度保证。宏观层面，高职院校应明确学校构建“雷锋式职业人”政校企社合作培育体系的总目标、总要求、基本原则等方向性政策，还应厘清理论教育与实践教育、第一课堂和第二课堂的关系，从整体上对“雷锋式职业人”政校企社合作培育体系在实行计划、组织、保障、评价等方面提出要求。微观层面，应制定人才培育计划、合作培育的管理办法、合作培育的经费管理办法、实践基地建设管理办法等一系列制度，加以真正执行操作，形成良好的运行管理机制。[②]

其次，经费保障。高职院校应加大对学生德育的经费投入和支持。培养“雷锋式职业人”要作为重点工程，有条件的高职院校应该有力地保证经费到位、充足，将思想政治教育实践育人体系深入、细致、创新地建构下去；对于经费确实有困难的学校，可考虑转变经费支出方式，由以学校主要负担转向学校以专项经费划拨、社会实践单位或基地支付、参与实践

① 冷洋．做雷锋式员工［M］．北京：中国经济出版社，2008：121－122.

② 黄绍国．构建大学生学雷锋“三大典型”的探索与实践［J］．中南林业科技大学学报（社会科学版），2013（03）：132－133，162.

的学生向社会募捐一部分的多元化资金保障方式，从而减轻高校经费庞大支出的压力，又让学生有意识地、更积极地完成实践活动任务，学到知识、增强能力、提升自我。

再次，队伍保障。高职院校在构建“雷锋式职业人”政校企社合作培育模式的过程中，拥有一支水平高、能力强、素质高、经验丰富的指导教师队伍是关键。高职院校的第一任务是培养具有高素质技术技能人才，要实现这一目标只有在坚实的师资基础上才有可能实现。因此，要实现高素质的师资力量的可持续发展，必须做到三结合，即将实践师资队伍的建设与培养具有创新精神和实践能力的高级专门人才的目标相结合，与高职院校管理创新和知识创新相结合，与高职院校的办学目标和定位相结合。

同时高水平的实践师资队伍建设目标的实现也依赖于实践师资队伍的建设观念和管理模式的转变，依赖于相应的机制体系和良好的综合环境保障。高校思想政治教育实践育人教师团队包括辅导员、思想政治教育教师、团学部门老师等①，同时可聘任资历深、经验足、责任心强的其他专业教师和社会实践联系单位或基地的领导、专家等加入指导教师队伍中。思想政治教育实践教师队伍的建设更需要教师不断地提升自身各方面的素质和修养，需要各主管部门的扶持和重视，这样才能较好地完成培养高素质人才的任务。

最后，基地保障。相对稳定的实践教学基地，是社会实践活动长期、稳定发展的基础和有力保证，也是使高校思想政治教育实践育人走上相对规范化轨道，营造良好社会实践环境的主要途径之一。高校应充分挖掘实践教育资源，因地制宜，主动与当地政府、机关部门、城镇社区、相关爱国主义教育基地、企事业单位、社会服务机构等多种多样的机构取得联系，遵循“合作共建、双向受益”的原则，从大学生成长成才和地方建设发展的实际需求角度出发，建立起多元化的思想政治教育实践育人共建基地。②

（4）评价体系

---

① 陶东风，吕鹤颖．雷锋：社会主义伦理符号的塑造及其变迁［J］．学术月刊，2010（12）：103－116.

② 杨丹，蔡静静．大学生学雷锋活动常态化机制研究［J］．理论学，2013（04）：37－39.

评价体系的本质是由主体的需要和利益，客体现实的本质和规律所决定的，是根据一定时期的育人观、培育的目标、培育的实际状况以及育人评价的具体目的而设计的，是反映合作培育体系本质属性的因素集合。而这些要求、目标等问题总是比较抽象和概括的。所以，评价实践中，评价者往往要根据具体的评价目的，将这些原则要求即“标准”具体化、细目化，使之变得具有可测性、可比性、可操作性，从而能够用来具体“衡量事物”，也就是作为“雷锋式职业人”政校企社合作培养体系评价的直接依据。

根据高职院校培育“雷锋式职业人”的本质属性及其规律，评价体系主要包括政治素质、思想素质、道德素质、心理素质等指标。如果从实践过程及保障有效性标准看，又包含评价地位、实践队伍（教师和学生）、实践过程及效果等多方面内容，因而是一个满足多效度的内容结构。“雷锋式职业人”政校企社合作培育评价体系就是从具体的评价目的和实践价值观角度来探讨其基本涵义的。

目标体系、内容体系、保障体系、评价体系这四个子体系构成了“雷锋式职业人”政校企社合作培育的体系。其中，目标体系指向政校企社合作培育体系的意义，内容体系指向政校企社合作培育体系的主体，保障体系指向政校企社合作培养体系的支撑，评价体系指向政校企社合作培育体系的反馈。这四个子体系之间相互影响、共同作用，形成了一个有机联系的整体。

4. 合作培育的机制

高职“雷锋式职业人”政校企社合作育人的长效机制构建三个原则：一是“雷锋式职业精神”引领校园文化建设原则。雷锋职业精神根植于校园文化之中，成为校园文化建设的主旋律和主要组成部分；组织教学、课外活动、实习实践、学生活动等方面均以实践、能力和问题为导向。二是政校企社“四方协同”原则。“四方协同”就是指社会、学校、企业、政府四方的有机结合和作用互动。合作育人是一个多环节的系统工程，要使合作育人达到预期目的和效果，必须强化社会、学校、企业、政府四方有机结合和作用互动。三是互需、互惠、互联的多赢合作原则。应发挥教育者和学生、学生和社会、教育者与社会的各自优势，各取所需，实现合作育人的创新性和普遍性，使合作育人架起学校与社会、教育与经济之间的桥梁。在有组织、有计划、有目的的实践中，职业院校学生能够提升思想认识、能力素质，增强社会生存能力和就业竞争能力。

（1）合作培育的运行机制

充足的经费和多样化的实践基地是“雷锋式职业人”政校企社合作育人运行的保障。政府应当逐步提高教育经费，保证教育经费支出的增长率大于地方财政收入的增长率，将“雷锋式职业人”政校企社合作育人项目立项，提高专项补助的扶持力度。高职院校应该把合作育人经费纳入年度预算，确保合作育人经费专项专用，在每年的预算中适当提高合作育人经费的比例。高职院校还应该通过捐资助学、校企盈利、转移性支付等多种渠道增加经费。高职院校应该加强与校外的联合，进行校企、校校合作，建立多方受益的校内外实践基地；利用现代化信息技术手段，搭建政校企社多元主体信息共享平台，完善信息沟通交流机制，实现全方位信息共建、共享；建构信息运行保障体系，严格控制信息的开放与保密，确保信息平台的安全运营，强化信息监测预警功能。为了使基地更好地运行，高职院校还应该加大宣传力度，营造良好的社会实践育人氛围，通过大众传媒的作用来传播实践育人的好处，可以通过网络、电视等现代化大众传媒来表彰先进个人，也可以宣传整个活动的进行。

（2）合作培育的保障机制

合作实践育人不是一件简单的事，必须要求各方齐心协力，形成育人合力。在新形势下，应该由国家做出制度性安排，各教育部门负责，形成高校、基地上下联动的协同机制。制度建设对于合作育人非常重要，要把合作育人纳入教育行政部门的常规工作，将合作育人作为工作任务落实到人，并将工作业绩作为部门及个人考核的依据之一，各地党委要充分发挥指导及监督职能，积极倡导培养“雷锋式职业人”，以科学规律为依据，大量应用事实、案例，给予各个院校充分的指导及说明。高职院校要成立由党委书记、校长牵头，社会各界参加的社会实践管理委员会等类型的合作育人领导机构。在运行过程中，实行院系两级管理。院校领导层负责活动目标的制定，从整体上协调；各系部则负责活动的具体实施。在高职院校雷锋式职业人培育的实践活动中，应当明确责任部门，由学工处牵头，教务部门、团委共同负责，务必要形成真抓实干的领导制度，切实加强组织领导。高职院校要设立专人负责合作育人工作，构建政府、院校、企业及相关社会组织的多向沟通交流机制，加强各主体间的功能性互补，建立以院校、企业为核心的多渠道、多层面反馈机制，从而实现育人资源的优化整合；同时，在完善多主体间的利益互补体系之际，提高各方育人的积极性。

（3）合作培育的评价机制

完整的评价体系是实现“雷锋式职业人”育人模式的重要环节，是调整教育目标、改善教学环节的重要依据，是提高人才培养质量的重要手段，与人才培养目标遥相呼应，构成了教育教学体系的外向循环。由此可以看出育人评价体系的重要性。要建立社会、企业、学校三方成效评价体系，组织部门要协同对学生的实践活动成效怎么样进行评价。在传统的教育中，评价学生的成绩都是通过理论的分数来说明，而实践动手能力的分数比例很少。在培养“雷锋式职业人”活动中，要改变传统的评价模式，必须要从人才培养方案上来改变，在高职院校的人才培养方案里，可以适当地增加实践操作的内容，扩大其在学生综合评定中的比重。① 当然，学生最关注的是职业技能的鉴定，学校和基地应该建立职业技能鉴定体系。学生在基地实习结束后，达到一定的条件，可以获得相应的职业技能资格。这样就可以极大地提高学生实践的参与性。对于院系而言，培养“雷锋式职业人”指标完成的情况可以作为干部、教师职位晋升、职称评定的依据，并且与教师的评优、评先挂钩。对于学生还可以实行学分制，理论和实践分开计算。从高考改革可以看出，现在社会已经非常重视学生的动手操作能力。复合型人才的培育，不能从大学时期才重视实践，必须从高中起就开始重视学生的实践能力。这是时代的发展趋势，也是社会发展的必然要求。

总之，“雷锋式职业精神”属于雷锋精神的一部分，是基于适应时代需求，将雷锋精神、社会主义核心价值观和现代工匠精神有机融合提炼而成，对各行业职场价值观念具有引领作用的职业精神。“雷锋式职业人教育联盟”是一个以培育“雷锋式职业人”为目的，联合政、校、企、社多方力量共同提升职业人素质的教育平台。只有从现代职业教育发展的实际

---

① 宋春春. 对创新大学生学雷锋活动常态化载体的初探——以浙江农林大学“雷锋班”为例［J］. 现代企业教育，2014（24）：155.

出发，政府、学校、企业、社区携手形成合力，在充分认识人才培养模式创新意义的基础上，形成既抓内涵建设，又抓外部环境，努力探索和构建全方位、多平台、立体化的合作培育体系，方能培养出现代产业所需的道德高尚、人格健全、技能精良、素质一流的技术技能型人才。

第六章 “雷锋式职业人”素质测评体系

一、核心内涵与现实意义

（一）核心内涵

雷锋式职业人是指具备雷锋精神的职业达人。雷锋式职业人素质，是指经过雷锋职业精神培育的高职生在思想观点、政治准则、品德修养和个性心理特征方面表现出来的稳定的特征和倾向。雷锋式职业人具备的核心素质主要表现在八个方面：爱国、责任、高效、敬业、创新、诚信、友善、奉献。

雷锋式职业人素质测评指标体系是对雷锋式职业人素质训练目标具体化、系统化后而形成的关于培育评价活动的一种有重点、成序列、有结构的量标系统。它以一种特定方式描述在雷锋式职业人素质训练后，高职生在思想、政治、品德和心理等诸方面所表现出的素质内容，从而反映高职生素质的现状及发展规律。它不仅具体地规定评价什么，不评什么，而且也明确地表示什么样的一种思想、政治、品德和心理素质状态可判定为何种级别，从而使测评内容转化为一系列可测量、可观察的标记。雷锋式职业人素质测评，既要对高职生在思想、政治、品德和心理方面的核心素质状况做事实判断，又要对高职生在思想、政治、品德、心理方面表现的核心素质发展做价值判断。因此，它是一种客观性与主观性的统一。这种测评以收集诸多的高职生思想、政治、品德、心理素质特征及信息为基础，以国家规定的德育目标为根据，采用语言和数量的形式对高职生在思想、政治、品德、心理方面的核心素质进行定性、定量的分析和度量，以此来反映高职生个体核心素质发展的水平与现状。因此，雷锋式职业人素质测评，既是一种对学生素质发展水平和状态的度量与评价，也是对雷锋式职业人素质训练目标的理想化状态与实际状态的对比测度，同时也是对培育活动实效性的检查与总结。

综上所述，雷锋式职业人素质测评可以界定为：测评主体采用科学的方法，收集学生在学习生活工作主要活动领域中的表征信息，针对某一素质测评目标做出量值与价值的判断过程，或直接从表征信息中引发与推断某些素质特性的过程。素质测评由两部分组成：一是“测”，主要是测评主体采用科学的方法，收集学生在主要活动领域中行为的表征信息，包括测评者的耳闻、目睹、体察与调查，它是以认识与评判学生的某些特性为目的，以科学的测量、评价工具为手段的特定的信息收集活动。二是“评”，主要是测评主体采用科学的方法测评目标系做出量值与价值的判断，或者直接从表征信息中引发与推断某些素质特性的过程，包括评论、评价与评定，主要是针对一定测评目标系的质、量、值的评定但也包括直接对被测评者的分析与评论。

（二）现实意义

1. 质量评估的需要

雷锋职业精神是雷锋精神外延的一部分，它是雷锋精神在职业领域中集中体现出来的精神特质。“雷锋式职业人”主要具备八种职业素质，即爱国、责任、高效、敬业、创新、诚信、友善、奉献。高职“雷锋式职业人”素质测评是针对在校高职学生的八种核心职业素质，通过收集其校内外的学习、生活、活动等各领域中的表征信息，并分别赋予不同的权重，采用科学方法予以量化，对高职学院培育出的“雷锋式职业人”做出培育质量或素质高低的评判过程。因此，构建“雷锋式职业人”素质测评体系，能检验高职学院“雷锋式职业人”培育成效，是高职雷锋式职业人培养质量评估的需要。

2. 培养目标实现的需要

构建雷锋式职业人素质测评体系，运用测评工具对学生的八种职业核心品质进行测量和评价，可以通过测评了解学生职业素质的发展情况，反馈雷锋式职业人培养质量和水平，并激励学生有目的地强化某些方面的素质和能力，从而促进雷锋式职业人培养工程的建设与改革，提高教育管理水平，实现雷锋式职业人培养目标。

3. 素质发展和提升的需要

人才素质测评是促使个体素质的培养与修养行为向着社会所要求的方

向发展的强化手段。它是从外部激发个体的内部动机，使培养者与修养者的动机处于积极向上的激活心态，从而产生动力、压力与活力，激励他们素质培养与修养的行为更加自觉、更加积极地去接受并维护社会的测评标准，促进与提高所测评的素质水平。因此，构建“雷锋式职业人”素质测评体系能够积极引导和激励学生，使学生明确学院“雷锋式职业人”素质培养目标、培养内容和具体要求，根据八种职业品质的测评指标，积极确定自身的努力方向，自我教育、自我发展、自觉促进、自我提升，实现未来更好的职业发展。

二、理论依据与原则方法

（一）理论依据

1. 辩证唯物主义理论

马克思主义哲学是科学的世界观和方法论，对其他学科建设具有普遍的指导意义，因而也是创建雷锋式职业人素质测评指标体系的哲学基础。辩证唯物主义原理告诉我们，任何事物的质和量都是可以相互转化的。这就启示我们，学生素质客观上必然存在着某种转化机制，可以把素质中的质转化为量的形式，也可以从量的形式中揭示质。也就是说，我们可以通过对学生个体言行中的那些稳定特征和倾向的考评，来把握学生素质发展的本质，透过现象在量变中把握质。因此，只要我们正确地把握学生素质的质与量转化的内在机制，就能创建较为科学的雷锋式职业人素质测评指标体系，用它测评出的“量”客观地反映学生各种素质的“质”。所以，质量统一规律为雷锋式职业人素质测评指标体系的创建提供了必要的理论依据。

2. 心理学理论

当今教育理论的心理化趋势亦越来越明显。因此，创建雷锋式职业人素质测评指标体系时，必然要依赖于心理学理论。也就是说，测评指标体系的创建，不仅要适应社会发展的多方面需求，同时也要考虑大学生身心发展的可能性，按照大学生身心的发展规律加以组织创建。

3. 系统论

系统论为雷锋式职业人素质测评指标体系的创建提供了方法论。系统论原理讲究事物的整体性、有序性和动态原则。整体思想是系统论的核心。按照整体思想的观点，对雷锋式职业人素质的测评可看成一个系统。这个系统是由若干个相互关系、相互作用的要素组成的有机整体，而且整体的功能大于各孤立要素功能之和。这种整体思想是我们创建雷锋式职业人素质测评指标体系的出发点。在创建这个测评指标体系时，我们既要反映测评的诸多要素，又不能等同对待，对于影响系统整体功能的指标应视其重要程度，分别给予相应的权重，以确定测评指标体系的整体效应。

动态观念是以测评指标体系的内容与时间的关系来考虑的。测评指标体系的内容不是一成不变的，而是随着社会和学生个体的发展不断变化的。因此，雷锋式职业人素质测评指标体系也应是一个多层次、多要素、多功能的综合动态结构系统。它既要跟上时代的步伐，发挥测评体系的导向功能，又要紧扣学生发展的节律，从学生的实际情况和发展来把握测评指标体系的调整速度和相对稳定性，从而体现测评指标体系的针对性。

4. 素质教育理论

素质教育理论认为，作为心理品质，“素质”不是与生俱来，而是通过教育和社会环境的影响逐步形成和发展起来，人的素质是教化的结果，可以培养、造就和提高。首先，素质是知识内化和升华的结果，单纯具有知识不等于具备一定的素质，知识只是素质形成或提高的基础。没有知识作基础，素质的养成和提高便不具有必然性和目标性。其次，素质是一种相对稳定的心理品质。素质是知识沉淀、内化的结果，它具有理性和潜在性的特征，通过外在形态来体现，相对持久地影响和左右人对待外界和自身的态度。

素质具有多方面的特征。第一，素质具有基础性。基础性是素质最基本的特征，它是指素质是人最一般、最基础的品质，是人发展的多方面的基础。素质不仅是做人的基础、成才的基础、适应的基础，而且还是个人发展的基础，是整个民族素质的基础。因而素质不只是社会上少数精英固有的，而是每一个人都需要并且存在的。人与人之间的素质差异，不是“有”或“无”，而是“高”或“低”、“完整”或“不完整”以及素质功能发挥程度上的差异。根据这个特征，开展素质教育就要强化大学生的内在修养，重视大学生整体素质的提高，重视对他们今后发展至关重要的基础素质的培养。第二，素质具有内隐性。它不像人的知识可以脱离人体而独立存在，而是与人的生命及其活动密切联系在一起，素质一旦形成即属于个体内在的东西，主要体现在个体生理和心理的特性之中。在人的素质结构中，除少数素质如生理素质可以直接观察外，大多数素质很难通过直接观察进行准确的测评。我们可以从某人的行为中去探究他的素质，但这些行为并不是素质本身，而仅仅是素质的外部表现。一方面素质的形成是一个量的积累过程；另一方面素质的外部表现也是一个量的问题。因此，根据素质内隐性的特征，就要认识到素质教育的长期性、艰巨性；同时，在对大学生开展素质评价的过程中，要全面、客观、深入地进行考察，而不能只根据个别事实和现象，做出简单判断。第三，素质具有稳定性，素质的稳定性是指人在一定发展阶段上，其身体、心理、知识、能力等各方面素质呈现出的相对稳定状态，但素质的稳定性并非绝对凝固性，而是相对静止，人的素质也是可变的，是静止性与可变性的统一。

5. 教育评价理论

教育评价是按照一定社会和教育性质、教育方针和政策，所确立的教育目标、对所实施的各种教育活动的效果、完成教学任务的情况以及学生学习成绩和发展水平进行科学评判的过程。

教育评价基本原理表明：评价必须是连续、定期地进行，把评价结果反映在教育指导上，把教育指导的效果反映在评价上，以提高对学习指导的效果；学校为验证其教育假设的效果，必须利用可靠的和可信的工具进行客观的、正确的评价；为培养全面教育所期望的人，必须综合地、总括地评价学习者的成长与发展，这样，评价便可以成为对每个学生的有效辅导提供基础信息的诊断手段；在学校制定各种教育目标和目的，提出教育改革方面，评价发挥着重要作用。①

6. 人才评价理论

人才评价是适应现代社会科技和经济迅速发展对人力资源开发的需要而逐步发展起来的一个新兴的多学科领域。21 世纪的竞争归根结底是人才的竞争，人才带来效益，已经是人们早已接受的共识。在人员选拔中，首先需要尽可能真实准确地了解一个人的品德、能力、知识水平、性格、兴趣爱好等。其次，在人员的使用安排上，需要准确地了解一个人的能力结构、知识结构、个性特点、所长所短。对于个人而言，每个人都需要选择

① 李海林．大学生综合素质评价体系与评价方法的研究［D］．中国石油大学，2008.

职业，每个人都渴望成功，但许多人并不知道什么职业适合自己，怎样设计才能事业有成。事业的成功不仅与人的能力有关，还与人的兴趣爱好、抱负水平、性格特点等有关。清楚地了解自己的这些心理特点，非常有助于一个人获得成功。无论是选拔人才还是认识自己，都需要有效的测评工具。人才评价理论及日益广泛使用的评价工具，正是在这种实际需要中产生发展的。

人才评价的核心是素质测评。从素质的概念可知，素质往往指个体所具有的个性、思维方式、行为方式、兴趣、追求、情绪等个体差异，主要是从后天环境中所获得知识文化、技术、能力、社会认知等方面的特点，如社会经验的深与浅、技术的精与陋、智谋的多与寡、能力的强与弱等。这一类素质是在生理素质基础上进一步发展起来的。人的心理来源于社会实践，素质也是在社会实践中逐渐发育和成熟起来的，某些素质上的缺陷可以通过实践和学习获得不同程度的补偿。个体差异性的客观存在，一方面使得不同的人会对同一工作有着不同的适应性；另一方面，不同工作岗位具有不同的工作性质和工作特点，对人的素质都有不同的要求，即为了取得良好工作绩效，不同的工作要求具有不同个性心理特征的人来承担。由于素质作为人的构成因素或活动机能，是有数量水平的，因此，能够量化人的素质水平，如智能有强弱之分，态度有消极与积极之分等。素质测评，就是指测评者以量化的方式对需要测评的具体内容即测评要素进行测试，并以定性的方式根据一定的等级性即测评标准对被测评者进行鉴定和判定。这里的素质测评要素，主要是指心理素质要素。人们常说的素质测评是根据个体心理素质结构模型设计的，采用的是量表、标准化测试、面试、情景模拟、业绩考核等方法。

（二）基本原则

1. 导向性原则

导向性是指研究创建的雷锋式职业人素质测评指标体系必须坚持社会主义方向，坚持以马克思主义为指导。测评的内容要与党和国家教育方针、法律、法规中规定的教育目标、德育目标相一致，要有明确的导向性，为高职生指明发展的目标和方向。素质测评要能使学生明确平时应遵循的准则，不断调整自身的思想和行为，向测评标准靠拢，从而确保高职生沿着正确方向健康前进。

2. 发展性原则

发展性是指创建雷锋式职业人素质测评指标体系的目的要从传统评价的“预测”、“控制”、“选拔”转移到“发展”上来，即从选拔适合教育的学生转到创造适合学生的教育；要以促进学生的全面和谐发展为目的，为学生的发展服务。学生要能通过测评树立成功的信心，发现发展中的问题，通过反馈信息，促进自身更好地全面发展。

3. 科学性原则

科学性是指创建的测评指标体系要全面完整、层次分明、要求明确，能反映高职生在思想、政治、品德、个性心理特征方面素质的本质及各个方面，要有较强的代表性与合理性。其量化和取值尽可能科学、合理，要从多角度、多侧面来进行，分层次、分类别确定测评内容，科学地将相关性较大的测评方向合并归类，尽量舍弃一些无关紧要的细节，使测评结果有较强的权威性和可比性。

4. 实用性原则

实用性一方面是指测评指标体系要从高职生的实际出发，科学合理、简便易行，便于操作实行。另一方面是指测评指标体系的创建要与社会用人机制和社会需求接轨，为社会所接受，使其既能满足高职生了解自身的思想、政治、品德、心理素质状况，有目的地提高自身素质，适应个人未来职业设计的需要；同时也能满足社会对高职生素质的多层次、多维度的选拔需要。

5. 全面性原则

全面性是指要全面测评高职生在思想、政治、品德、心理方面的八种素质的发展情况。这既反映了社会发展的要求，同时又体现了人的身心发展的需求。也就是说，测评指标要紧扣雷锋式职业人培养目标，要尽可能更全面、确切地反映被测评对象的各个方面，既要有测评单项素质行为的个别指标和测评某一方面素质的局部性指标，也要有测评对象相互联系的几个方面，甚至测评对象的综合性指标。指标的完备性也表现在各个指标间相互联系补充，层次清楚，共同构成系统而又有机的整体。

6. 多测评主体原则

在实施素质教育的今天，现代评价制度中评价主体不仅指学校的教师，更重要的是要突出被评价者——学生的主体地位。纵观整个评价过程，从评价目标的确立直至评价信息的反馈，被评价者——学生始终以主体身份参与其中，他要了解所要解决的问题，要了解评价的方式、评价手段及其评价结果。总之，只有在参与中，被评价者——学生才可能更清楚地认识自我，他的自我教育能力才会得到不断提高。所以，创建雷锋式职业人素质测评指标体系中只有把教师的主导作用和学生的主体作用统一起来，强调多主体测评，这样才能更全面、更准确地反映出高职生在思想、政治、品德、心理素质方面核心素质的发展状况，使雷锋式职业人素质测评更好地发挥教育和激励作用，同时也进一步发扬民主，提高测评的客观性、准确性，增强实际效果。

（三）构建方法

1. 草拟指标

雷锋式职业人素质测评指标体系是实施雷锋式职业人素质测评的直接依据，测评能否得出正确的结论，测评标准是其重要因素。因此，在雷锋式职业人素质测评指标体系的设计中，应本着严肃、慎重和认真的态度，根据测评目的的要求，成立专门的测评指标体系设计小组。设计小组的成员应当具有一定的代表性和权威性，包括高校素质教育及学生工作方面的学者、研究人员以及相关职能部门的领导和相关专业技术人员。设计小组的成员除了依靠自己的学识、经验和智慧，还要根据测评的实际需求进行必要的调查研究，根据雷锋式职业人素质培养目标，遵循指标体系设计的原则，草拟出素质测评指标体系的具体方案。

2. 实证调查

雷锋式职业人素质测评指标体系的构建不能单纯依据设计小组成员的实践经验与主观推断，还必须选取具有一定代表性的群体作为样群进行实证调查，获取详实有效的实证数据，为指标体系的构建提供充分的参考信息。调查论证主要采用了问卷调查法、个别访谈法、集体访谈法等方式，通过对用人单位、高校老师、在校大学生进行抽样调查，搜集客观确切的资料，并用适当的方法予以统计分析，以期能描述事实、发现问题，为雷锋式职业人素质测评指标体系的构建提供切实依据。

3. 组织论证

组织论证是确保雷锋式职业人素质测评指标体系科学合理的又一重要环节。草拟素质测评指标后，设计小组随即组织相关人员根据雷锋式职业人素质测评的目的、总体要求以及测评标准制定的依据，逐项进行论证。在组织论证过程中，即包括设计小组工作者的自行论证；也包括高校素质教育及学生工作方面专家、学者们的理论论证；还应包括大学生素质教育实际工作者，尤其是经验丰富的优秀教育工作者的经验论证；最后，还要包括由学者、教育工作者、领导和大学生代表即测评对象代表的综合论证。各种论证会议或论证让参加者畅所欲言，各抒己见，充分阐述，以确保组织论证工作的有效性。

4. 教育测评

雷锋式职业人素质测评指标体系是各级指标因素的集合，而雷锋式职业人素质测评指标的权重则表明指标诸因素之间的关系以及诸因素在指标体系中的地位和重要程度，它是人们对指标体系内部各指标要素联系形式和各指标价值大小认识的产物。权重配置的科学程度，在一定程度上影响着雷锋式职业人素质测评的科学程度。在指标权重的配置中，具体运用了经验确定法、德尔菲法等教育测评方法，具体设定了指标体系中各级权重，以期切实符合各素质要素在雷锋式职业人素质体系中所处的不同地位，实现科学的加权过程。

5. 试用修订

雷锋式职业人素质测评标准在论证的基础上进行试用修订，也是不容忽视的一个环节。通过选择有代表性的测评对象进行试评，以检验测评标准的信度与效度、可行性与操作性，从而能够及时发现问题并修订和完善。试用修订后，最后再在正式的雷锋式职业人素质测评中加以运用。

三、测评内容和指标体系

（一）测评内容

雷锋式职业人素质测评指标体系的内容设计是雷锋式职业人素质测评指标体系构建的核心内容。根据测评指标体系确立的原则，根据高校素质教育思想的指导、教育及人才测评相关理论以及问卷调查数据分析，从雷锋式职业人应具备的核心素质入手，从理论与实践的结合上构建雷锋式职业人素质测评指标体系的内容，既能充分体现时代特征和测评的基本规律，又能体现高职生的身心发展特征及国家社会对雷锋式职业人素质的要求与期望。依据上述分析，雷锋式职业人素质测评指标体系的基本内容包括爱国素质、责任素质、高效素质、敬业素质、创新素质、诚信素质、友善素质、奉献素质八个方面。依据这八项指标内涵与外延的扩展范围，进一步确定每项一级指标下分属的二级指标和三级指标，从而构成雷锋式职业人素质测评指标体系的指标内容。

1. 爱国素质

爱国，是爱国主义的思想感情和行为准则，就是以热爱祖国为荣，以危害祖国为耻。爱国主义精神是社会主义核心价值体系的核心内容之一，是每一个公民应尽的义务和责任。① 爱国素质测评指的是对高职生爱国思想、情感和行为的价值判断。雷锋式职业人培养目标要求高职生具备的爱国素质体现为：爱国情感和爱国行为。爱国情感表现为：对国徽、国旗和国歌的尊重；对中国共产党领导的坚决维护；对中华民族大家庭的归属认同；对祖国山河的热爱，对优秀民族文化的自豪；对实现中国梦的强烈期盼。爱国行为表现为：关心国家时事政治、熟悉国家历史国情、政策和法规；保守国家机密；不发表有损国家利益的言论；不做有损国格的事情；传播国家正能量；对民族产业（国货）的支持；理性爱国行动；维护民族统一、反对分裂等。根据爱国素质的典型外显行为表现，高职生爱国素质被确立分解为 2 个二级测评指标和 10 个三级测评指标。

2. 责任素质

责任，强调一个人分内应做的事，不仅要对自己所承担的任务负责，还要对自己的过失行为负责。另外，责任还包含一层意思，即一个人在组织中，特别是在不计报酬、无条件的情况下，主动做好分外的事。责任也指个人对自己和他人、对家庭和集体、对国家和社会所负责任的认识、情感和信念，以及与之相应的遵守规范、承担责任和履行义务的自觉态度。它是一个人应该具备的基本素养，是健全人格的基础，是家庭和睦、社会安定的保障。责任素质测评指的是对高职生责任意识和履责行为的价值判断。雷锋式职业人培养目标要求高职生具备的责任素质体现为：自我责任、家庭责任、集体责任和社会责任。自我责任维度主要评价个体对自己的学业、成长、人生规划、身心健康等的责任；家庭责任维度主要评价个体对家人、家务、家庭和睦等的责任；集体责任维度主要评价个体对同学

① 蒋曼．大学生爱国敬业诚信友善价值观培育研究［D］．重庆工商大学，2014.

朋友、他人、学校班级集体的责任；社会责任维度主要评价个体对社会公德、社会秩序、社会的发展、自然环境等的责任。① 根据责任素质的典型外显行为表现，我们确定了高职生责任素质的4个二级测评指标和15个三级测评指标。

3. 高效素质

高效，是指在相同或更短的时间里完成比其他人更多的任务，而且质量与其他人一样或者更好。现代企业生存靠的是利润，提高企业利润的最好方法是“提高工作效率”，只有工作效率上去了，企业才能以最小的投入获得最大的产出，实现利润最大化。所以对用人单位来说，都喜欢选用办事效率高的员工。高效素质测评是对高职生学习和工作效率高低的评判。雷锋式职业人培养目标要求高职生具备的高效素质体现为：科学运用方法、高效管理时间、高效管理空间、高效管理情绪。科学运用时间维度主要评价学生是否善于运用方法和策略解决问题，是否善于运用求助策略，是否善于授权、分摊工作任务等；高效管理时间维度主要评价学生是否学习工作有计划，是否善于利用零碎时间，是否办事分轻重缓急、要事第一，是否能任务限时、立即行动；高效管理空间维度主要评价学生是否放物有序、是否能及时清理清扫、整理整顿生活物品和学习资料；高效管理情绪维度主要评价学生是否能采用科学合理的方法调控自己的情绪，使自己不受负面情绪的影响。根据高效素质的典型外显行为表现，我们确定了高职生高效素质的4个二级测评指标和10个三级测评指标。

4. 敬业素质

敬业，就是敬仰和热爱所从事的职业。“敬业”是公民的基本职业要求，是“爱国”在工作生活中的具体体现，也是从业者做好本职工作的前提条件。“敬业”既包括精神层面的内涵，也包括务实层面的要求。敬业意味着重视、热爱自己所从事的工作，并将这种自豪转化成对工作的动力，对生活、对集体、对国家的热爱。敬业在大学生群体中体现更多的是“敬重学业”。众所周知，大学生的本职工作就是学习科学文化知识和社会实践经验，“敬重学业”这一提法赋予了敬业价值观更加鲜明的群体特征。

① 罗香群．大学生责任心问卷的编制与应用研究［D］．福建师范大学，2007.

敬业素质测评是对高职生在工作（学习）中积极投入，以及伴随着工作（学习）投入而产生的完满的生理、认知和情绪状态的评判。雷锋式职业人培养目标要求高职生具备的敬业素质体现为：工作（学习）投入、职业认同和工作（学习）价值感。工作（学习）投入具体表现为：在工作（学习）时很忘我；工作（学习）时常常不知疲倦；工作（学习）时，满脑子就只有工作（学习）；常常做的比要求的更多；放下手中的工作（学习）是件很困难的事情；每天尽全力工作（学习）；工作（学习）时，时间总是不知不觉就过去了。职业认同表现为：高度评价自己所学专业和自己即将从事的职业；很自豪地向别人介绍自己所学专业或即将从事的职业。工作价值感表现为：发现所学专业和所做的工作充满意义和价值；能从工作（学习）中体验出成就感；觉得工作（学习）很有激励性；在工作（学习）中感到很快乐；工作（学习）对自己来说很有挑战性。① 根据敬业素质的典型外显行为表现，我们确定了高职生敬业素质的 3 个二级测评指标和 10 个三级测评指标。

5. 创新素质

创新能力是创新活动得以实现的重要因素，是指人们在学习和继承前人知识、经验的基础上，提出新概念、新思想、新技术、新方法、新设计等独特的见解和完成创造发明的能力。创新能力是一种综合能力，是以广博的知识为基础的，它并非间接作用于创新实践活动，而是直接影响和制约着创新实践活动的进行，是创新实践活动赖以启动和运转的操作系统。随着创新实践活动的开展，主体创新能力的大小就决定了创新实践活动方式的选择是简明还是繁复，高效还是低效，等等。对于大学生来说，创新能力更多是指学生在学习过程中所表现出来的探索精神，发现新事物、掌握新方法的强烈愿望以及运用已有知识创造性地解决问题的能力。创新素质测评指的是对高职生创新意识、创新思维、创新技能和水平的评判。雷锋式职业人培养目标要求高职生具备的创新素质体现为：创新学习能力、创新知识基础、创新思维能力和创新技能。创新学习能力是评价创新能力的前提条件指标，该项指标可以用发现问题能力、信息检索能力、知识更

① 查淞诚．企业员工敬业度结构建模研究［D］．济南大学，2007.

新能力、标新立异能力4个三级指标来反映。创新知识基础是创新能力评价的保障条件指标，该项指标可以用基础知识和专业知识水平、交叉知识水平、创新知识水平3个三级指标来反映。其中，交叉知识水平和创新知识水平是衡量创新知识基础的重要指标，应分别看其相应的知识面是否宽厚，理论知识掌握是否熟练以及能否融会贯通。① 创新思维是各种思维形式错综复杂地交融、互补而形成的综合思维过程。大学生的创新思维处于核心地位，在整个创新过程中是以创新思维为灵魂的。创新思维能力指标可以用直觉思维能力、逻辑思维能力、创新想象能力、批判思维能力、灵感思维能力5个三级指标来反映。创新技能是创新成果转化的重要途径，它是创新能力评价的关键性指标，创新技能主要包括熟练的实验技巧和能力，熟练掌握和运用创新技法的能力，创新成果的表现能力及物化能力等。大学生的创新技能体现在：是否能在学习中独立地发现一种新的解题方法，在生活中获得一种新的体验及课程设计、毕业论文或毕业设计的完成情况和参与科技创新活动的情况等，因此我们选取创新活动成果、课题论文独特水平、毕业设计作品质量3个三级指标来反映大学生的创新技能。根据创新素质的典型外显行为表现，我们确定了高职生创新素质的4个二级测评指标和15个三级测评指标。

6. 诚信素质

诚信，即诚实和守信用，指为人处世坦诚实在，信守诺言。诚信被称为公民的第二张“身份证”。诚，侧重于真诚坦荡、真实无妄的内在道德修养；信，侧重于处事无欺、外信于人的做事原则践行。诚与信组合起来，便是内外兼备、表里如一的道德人格。诚信作为立人之本，一直是中华民族在行为规范和道德修养方面独具特色的价值观。诚信素质测评指的是对高职生诚信观念和诚信行为的价值判断。雷锋式职业人培养目标要求高职生具备的诚信素质体现为：学业考试诚信、社会工作诚信、经济交往诚信、生活娱乐诚信以及就业择业诚信。学业考试诚信主要评价大学生对学习的诚信状况，如作业是否抄袭、考试是否作弊、论文是否剽窃等。社会工作诚信主要评价大学生担任校内外社会工作、履行工作职责情况的诚

① 曹颖颐. 大学生创新能力指标体系构建研究［D］. 武汉理工大学，2008.

信状况，如是否遵守劳动纪律、履行工作职责；工作是否弄虚作假、偷工减料等。经济交往诚信主要评价学生与学校、学生与他人之间经济交往的诚信状况，如是否恶意拖欠学费、书费，是否拖欠助学贷款，是否骗取困难补助等。生活娱乐诚信主要评价学生在日常的生活娱乐中的诚信状况，如学生坐无人售票公交车时是否逃票，是否说谎欺骗、隐瞒事实真相，是否故意隐瞒身体健康状况，是否具有网络虚假言行等。就业择业诚信主要评价大学生在就业择业过程中的诚信素质，如是否更改推荐材料，是否伪造荣誉证书，是否随意毁约、不履行就业合同等。① 根据诚信素质的典型外显行为表现，我们确定了高职生诚信素质的 5 个二级测评指标和 15 个三级测评指标。

7. *友善素质*

友善，就是友爱和善，重友谊求和谐、存真善讲爱心。友善，是处理人际关系的基本准则，是公民基本道德规范。“友善”囊括许多我们这个时代所迫切需要的道德规范和理性心态，如理性平和、包容多元、尊重差异、扶危济困、见义勇为、自尊自信、积极向上、维护和谐等等。② “友善”是中华民族的传统美德之一，是社会主义核心价值观之一。“友善”包含善待亲友、他人、社会、自然等等。善待亲人可以和谐家庭关系；善待朋友，善待他人，可以和谐人际关系；善待自然可以形成和谐的生态关系。能否以友善的态度为人处世，不但体现着一个人的道德水平，同时也体现了一个民族素质的高低。友善素质测评指的是对大学生友善态度和友善行为的道德判断。雷锋式职业人培养目标要求高职生具备的友善素质体现为：友善待人、友善待物。友善待人主要评价是否能善待亲人、善待朋友、善待其他人；友善待物主要评价是否能善待动物、善待自然、善待公共资源。根据友善素质的典型外显行为表现，我们确定了高职生友善素质的 2 个二级测评指标和 10 个三级测评指标。

8. *奉献素质*

奉献，是指为了维护社会集体利益或他人利益，个人能主动舍弃自身

---

① 张志华，黄婷婷．论大学生诚信评价体系的科学构建［J］．广西社会科学，2006，132（6）：164.

② 崔雪．当代大学生友善观培养研究［D］．东北师范大学，2014.

利益的一种高尚品格，它建立在对个人利益与社会集体利益关系的正确理解基础上。奉献素质有两个方面的基本特征：一是谦让性，即在个人利益与他人和社会利益发生对立冲突，不能两全时，道德行为主体能主动谦让个人利益；二是高度的自觉性，奉献行为是一种高度自律行为，它不是出自外在力量的压制，而是完全出自行为者的自我主动行为。[①]《公民道德建设实施纲要》中，“奉献”被确定为公民的基本道德规范之一，也就是把“奉献”作为对公民的基本道德要求。奉献素质测评指的是对高职生奉献精神和奉献行为的道德判断。雷锋式职业人培养目标要求高职生具备的奉献素质体现为集体大局意识和公益助人行为。集体大局意识表现为：大公无私；以国家集体利益为重，不计较个人私利和得失；有强烈的分享意识、集体意识和大局意识；有全心全意为人民服务意识。公益助人行为表现为：热心公益活动和慈善事业，积极参加义务劳动和志愿者服务工作；学雷锋做好事，热心主动助人，不求回报；勤学精技，为中国梦的实现努力学习；求职时，愿意到条件艰苦、急需人才的基层和边远地区工作，奉献自己的青春热血。根据奉献素质的典型外显行为表现，我们确定了高职生奉献素质的2个二级测评指标和10个三级测评指标。

（二）指标体系

1. 指标权重配置

雷锋式职业人素质测评指标体系是各级指标因素的集合，而雷锋式职业人素质测评指标的权重则表明指标诸因素之间的关系以及诸因素在指标体系中的地位和重要程度。它是人们对指标体系内部各指标要素联系形式和各指标价值大小认识的产物。权重配置的科学程度，在一定程度上影响着大学生素质测评的科学程度。

指标权重配置的基本方法有：第一，经验确定法。经验确定法又称定性加权法，即由经验丰富的素质教育专家、学者，学生职能部门的领导及一线工作者，根据他们长期的工作经验和主观认识，共同商议而确定权重值的一种方法。这种方法的优点是简便易行，能够充分交流意见；缺点是

---

① 方爱东．奉献精神刍议．高校理论展现［J］，2002（4）：24.

主观随意性较大，容易受加权人员的素质、水平以及兴趣、偏好等因素的影响。在测评要求不是很高或测评结果与测评对象利害关系不太大的情况下，可以用这种方法来确定指标权数。第二，德尔菲法。德尔菲法是美国兰德公司赫尔默于1964年发明并首先运用于技术预测的方法。它在教育测评领域得到广泛应用。这种测评方法也是基于对专家的信任为基础，但为了使每位专家都能独立发表自己的意见和观点，特地采用匿名的形式。德尔菲法通过问卷向专家就指标权重值问题征求意见，在多轮咨询、匿名反馈的过程中，经过专家们的分析判断、综合权衡，逐步统一价值认识，从而确定指标权重数。这种方法实质上是定性加权法和定量加权法的综合运用。专家们在确定权重数的时候，既要凭借丰富的实践经验，还要运用一定的科学知识，权重值的确定是他们的实践经验和专业知识相结合的产物。第三，层次分析法。层次分析法原本是一种决策方法，由美国学者斯塔首先移植到教育测评领域，以解决权数的确定问题。比较确定法是把同级测评指标进行两两比较，并将逐一比较的结果构成一个矩阵，然后运用矩阵原理，导出诸因素权数的数学加权法。这种方法有一定的科学依据，同时由于给出简单计算公式，所以不失为比较科学、实用的方法。①

鉴于素质测评中一级指标在整个指标体系中的重要地位，考虑到指标权重配置方法中层次分析法计算的客观与严谨，雷锋式职业人素质测评指标体系中一级指标的权重配置，采用层次分析法来确定与设计。在本研究指标体系权重配置中，共有六位学者专家参与配置与计算。为使权数为整，经过专家组讨论，以矩阵计算结果为主要依据，取其约数，故“爱国素质、责任素质、高效素质、敬业素质、创新素质、诚信素质、友善素质、奉献素质”八项一级指标的权数分别为0.15、0.15、0.1、0.1、0.15、0.15、0.1、0.1。鉴于二级指标层次简洁分明，权重配置相对简洁明了，故在二级指标权重配置中采用了经验确定法。即由六位理论与实践经验丰富的学者专家根据他们长期的工作经验和主观认识，共同商议而确定二级指标各项权数。具体可见指标体系表7。

---

① 贾金玲．大学生综合素质测评体系研究［D］．西安科技大学，2008.

2. 指标体系构建

表 7 雷锋式职业人素质测评指标体系

一级指标	二级指标	三级指标	自评（30%）	互评（30%）	师评（40%）
爱国素质 0.15	爱国情感 0.4	对国徽、国旗和国歌的尊重；对中国共产党领导的坚决维护；对中华民族大家庭的归属认同、有强烈的民族自尊心和自豪感；对祖国山河和灿烂民族文化的热爱；有强烈的忧国忧民和保家卫国意识；对实现中国梦的强烈期盼（6 项，满分 6 分）			
	爱国行为 0.6	关心国家时事政治，了解国家历史、国情、政策和法规；保守国家机密；不发表有损国家利益的言论；不做有损国格的事情；传播国家正能量；支持民族产业（国货）；理性爱国行动；维护民族统一、反对分裂；不崇洋媚外（9 项，满分 9 分）			
责任素质 0.15	自我责任 0.4	关心自己的身心健康，对自己的生命负责；对自己的言行负责；对自己的学习负责；做好自己分内的事情；认真规划自己的人生；对个人过失勇于承担责任（6 项，满分 6 分）			
	家庭责任 0.13	孝敬父母、关心家人、努力创造和谐温馨的家庭气氛；为家人做力所能及的事情，关心家庭未来发展（2 项，满分 2 分）			
	集体责任 0.13	遵守集体行为规范、对集体的事情尽心尽力；积极参与集体活动和竞赛，有强烈的集体荣誉感（2 项，满分 2 分）			
	社会责任 0.34	爱护公共财物；遵纪守法、遵守公德；爱护环境、环保意识强；经常参加社会公益活动；关心国家前途命运（5 项，满分 5 分）			

一级指标	二级指标	三级指标	自评（30%）	互评（30%）	师评（40%）
高效素质 0.1	方法运用 0.3	善用策略方法解决问题；自己无法解决难题时，善用求助策略；善于授权、分摊工作任务（3项，满分3分）			
	时间管理 0.4	办事有计划、按行动清单行事；事情分轻重缓急、要事第一；善用零碎时间；任务限时，接受任务后能立即行动，办事不拖延（4项，满分4分）			
	空间管理 0.2	放物有序、查找快捷；有及时清理、清扫、整理、整顿生活物品、学习资料的好习惯（2项，满分2分）			
	情绪管理 0.1	能用科学合理方法自我调控情绪、让学习工作少受消极、负面情绪影响（1项，满分1分）			
敬业素质 0.1	工作（学习）投入 0.4	在工作（学习）时很忘我、常常不知疲倦；工作（学习）时，满脑子就只有工作（学习）、放下手中的工作（学习）是件很困难的事情；每天尽全力工作（学习）、常常做得比要求的更多；工作（学习）时，时间总是不知不觉就过去了（4项，满分4分）			
	职业认同 0.2	高度评价自己所学专业和自己即将从事的职业；很自豪地向别人介绍自己所学专业或即将从事的职业（2项，满分2分）			
	工作价值感 0.4	发现所学专业和所做的工作充满意义和价值；能从工作（学习）中体验出一种成就感、觉得工作（学习）很有激励性；在工作（学习）中感到很快乐；工作（学习）对自己来说很有挑战性（4项，满分4分）			

一级指标	二级指标	三级指标	自评（30%）	互评（30%）	师评（40%）
创新素质 0.15	创新学习能力 0.27	发现问题能力强；信息检索能力强；知识更新速度快；喜欢标新立异（4 项，满分 4 分）			
	创新知识基础 0.2	基础知识和专业知识丰富；交叉知识丰富（知识面宽厚，掌握丰富的各学科知识并能够融会贯通）；创新知识丰富（熟练掌握创新的理论知识和方法）（3 项，满分 3 分）			
	创新思维能力 0.33	直觉思维能力强（具有敏锐的观察力，对新事物能迅速识别和直觉判断）；逻辑思维能力强（能透过现象看本质）；创新想象能力强（联想、想象力很丰富）；批判思维能力强（敢于挑战、批判先入为主的东西、思维角度、方法路线与众不同）；灵感思维能力强（灵感活跃，善于突发奇想、充满创意）（5 项，满分 5 分）			
	创新技能 0.2	创新活动成果多（如科技竞赛成果）；课题论文独特、有创意；作业产品及毕业设计质量好（3 项，满分 3 分）			
诚信素质 0.15	学业考试诚信 0.2	作业不抄袭；考试不作弊；论文课题、毕业设计作品不剽窃（3 项，满分 3 分）			
	社会工作诚信 0.2	遵守劳动纪律，做好职责范围内工作；工作不弄虚作假，不偷工减料，保质保量；不故意隐瞒身体健康状况（3 项，满分 3 分）			
	经济交往诚信 0.2	不恶意拖欠学费 、书费；借钱借物及时归还、不拖欠助学贷款；不骗取困难补助（3 项，满分 3 分）			

一级指标	二级指标	三级指标	自评（30%）	互评（30%）	师评（40%）
诚信素质 0.15	生活娱乐诚信 0.2	坐无人售票公交车，从不逃票；与人交往，不说谎欺骗，不故意隐瞒事实真相；无网络虚假言行（3 项，满分 3 分）			
	就业择业诚信 0.2	如实撰写求职简历；不伪造荣誉证书；不随意毁约，认真履行就业合同（3 项，满分 3 分）			
友善素质 0.1	友善待人 0.7	孝敬父母、善待亲人；善待朋友；善待弱势群体和和身处困境的其他人；尊敬师长；尊重关心同学；主动热心助人；无人际矛盾冲突，人缘好（7 项，满分 7 分）			
	友善待物 0.3	爱护公物，不随意损坏；爱护自然，保护环境；爱护生灵，不虐待动物（3 项，满分 3 分）			
奉献素质 0.1	集体大局意识 0.4	大公无私；凡事以国家集体利益为重，不计较个人私利和得失；有强烈的分享意识、集体意识和大局意识；有全心全意为人民服务意识（4 项，满分 4 分）			
	公益助人行为 0.6	热心公益慈善活动；积极参加义务劳动；积极参加青年志愿者服务工作；学雷锋做好事、热心助人、不求回报；勤学精技，为中国梦的实现而努力学习；愿意到条件艰苦、急需人才的基层和边远地区工作、奉献自己的青春热血（6 项，满分 6 分）			
小计					
合计					

备注：

1. 表中三级指标，每项计1分，均按照优秀（完全符合）、良好（大部分符合）、合格（部分符合）和不合格（完全不符合）4个等级按比例分别计分。具体标准为：优秀计该项满分，良好计80%，合格计60%，不合格计0分。如诚信素质中的三级指标“坐无人售票公交车，从不逃票”，优秀计1分，良好计0.8分，合格计0.6分，不合格计0分。

2. 自评、互评、师评相结合，自评占总分30%，互评占总分的30%，师评占总分的40%。自评由学生本人对照三级指标按4个等级逐条评定计分。互评由班委会成员对照指标体系民主评议后给学生计分，师评由辅导员、班主任和素质训练教师对照指标体系给学生计分。

3. 雷锋式职业人素质测评指标体系，既可对8项素质进行综合测评，也可分项对单个素质进行测评。如：某学生诚信素质自评分为15，互评分为10，师评分为12，那么该生诚信素质的最后得分为：$15\times30\%+10\times30\%+12\times40\%=12.3$，按照素质测评4级评定标准，该生诚信素质为良好。

（三）测评量表

1. “爱国”素质测评量表

测评目的：测量个人的爱国情感和爱国品质。

测评说明：爱国素质测评量表是一份帮助了解个人爱国情感和爱国主义倾向的问卷。下面是一些句子描述，请您根据这些描述与自己实际情况或感受的符合程度在选择的答案上打“√”。用1、2、3、4代表符合程度。1＝完全不符合；2＝部分符合；3＝大部分符合；4＝完全符合。回答时请注意：答案没有对错之分，只要符合自己的实际情况或感受就行；凭你读每一句子后的第一印象作答；请逐题作答，不要遗漏。

表8　“爱国”素质测评量表

题号	题目	完全不符合	部分符合	大部分符合	完全符合
01	知道国徽、国旗和国歌的内涵和来历	1	2	3	4
02	坚决维护中国共产党的领导、支持党的路线、方针和政策	1	2	3	4

题号	题目	完全不符合	部分符合	大部分符合	完全符合
03	对中华民族大家庭的归属认同、有强烈的民族自尊心和自豪感	1	2	3	4
04	热爱祖国山河和灿烂民族文化	1	2	3	4
05	有强烈的忧国忧民和保家卫国意识	1	2	3	4
06	强烈期盼能实现中国梦，希望祖国统一	1	2	3	4
07	关心国家时事政治、了解国家历史、国情、政策和法规	1	2	3	4
08	能保守国家机密	1	2	3	4
09	不发表有损国家利益的言论	1	2	3	4
10	不做有损国格的事情	1	2	3	4
11	传播国家正能量，愿意宣扬国家方针政策	1	2	3	4
12	支持民族产业、乐意购买国货	1	2	3	4
13	采取理性爱国行动，捍卫国家利益	1	2	3	4
14	维护民族统一、领土主权完整，反对分裂	1	2	3	4
15	不崇洋媚外	1	2	3	4
合计					

测评方法：

爱国素质测评量表共有 15 道题，全部题目为正向计分，完全符合计 4 分，大部分符合计 3 分，部分符合计 2 分，完全不符合计 1 分，将所有题目的得分相加，得出总分。最高分为 60 分，最低分为 15 分。

测评分析：

46～60 分，有强烈的爱国心，对祖国有深厚的感情并付诸行动。

31～45 分，比较爱国，对祖国有一定的感情。

15～30 分，爱国心不强，爱国情感有待增进。

2. “责任”素质测评量表

测评目的：测量个人的责任意识和责任心。

测评说明：责任素质测评量表是一份帮助了解个人责任意识和责任心的问卷。下面是一些句子描述，请您根据这些描述与自己实际情况或感受的符合程度在选择的答案上打“√”。用1、2、3、4代表符合程度。1＝完全不符合；2＝部分符合；3＝大部分符合；4＝完全符合。回答时请注意：答案没有对错之分，只要符合自己的实际情况或感受就行；凭你读每一句子后的第一印象作答；请逐题作答，不要遗漏。

表9　“责任”素质测评量表

题号	题目	完全不符合	部分符合	大部分符合	完全符合
01	关心自己的身心健康，有安全意识、珍爱生命、注重运动，能及时调理生活	1	2	3	4
02	对自己的言行负责，言出必行	1	2	3	4
03	对自己的学习负责、学好专业技能	1	2	3	4
04	尽心尽力做好自己分内的事情	1	2	3	4
05	认真规划自己的人生	1	2	3	4
06	对个人过失勇于承担责任	1	2	3	4
07	孝敬父母、关心家人、努力创造和谐温馨的家庭气氛	1	2	3	4
08	为家人做力所能及的事情，关心家庭未来发展	1	2	3	4
09	遵守集体行为规范、对集体的事情尽心尽力	1	2	3	4
10	积极参与集体活动和竞赛，有强烈的集体荣誉感	1	2	3	4
11	爱护公共财物，珍惜公共资源	1	2	3	4
12	遵纪守法、遵守社会公德	1	2	3	4
13	爱护环境、环保意识强	1	2	3	4
14	经常参加社会公益活动	1	2	3	4
15	关心民生和国家前途命运	1	2	3	4
合计					

测评方法：

责任素质测评量表共有15道题，全部题目为正向计分，完全符合计4分，大部分符合计3分，部分符合计2分，完全不符合计1分，将所有题目的得分相加，得出总分。最高分为60分，最低分为15分。

测评分析：

46～60分，有强烈的责任心和责任意识，对自己、家庭、集体和社会都愿意承担责任，履行职责。

31～45分，有一定的责任心和责任意识。

15～30分，责任心不强，责任意识有待增强。

3. “高效”素质测评量表

测评目的：测量个人的学习效率和办事效率。

测评说明：高效素质测评量表是一份帮助了解个人学习工作效率的问卷。下面是一些句子描述，请您根据这些描述与自己实际情况或感受的符合程度在选择的答案上打“√”。用1、2、3、4代表符合程度。1＝完全不符合；2＝部分符合；3＝大部分符合；4＝完全符合。回答时请注意：答案没有对错之分，只要符合自己的实际情况或感受就行；凭你读每一句子后的第一印象作答；逐题作答，不要遗漏。

表10 “高效”素质测评量表

题号	题目	完全不符合	部分符合	大部分符合	完全符合
01	善用策略方法解决学习生活中的问题	1	2	3	4
02	自己无法解决难题时，善用求助策略	1	2	3	4
03	善于授权、分摊工作任务	1	2	3	4
04	办事有计划、每日按行动清单行事	1	2	3	4
05	事情分轻重缓急、要事第一，能抓住重点	1	2	3	4
06	善用零碎时间，课外和业余时间高效利用	1	2	3	4
07	任务限时，接受任务后能立即行动，办事不拖延	1	2	3	4
08	放物有序、查找快捷、有档案意识	1	2	3	4
09	有及时清理、清扫、整理、整顿生活物品、学习资料的好习惯	1	2	3	4
10	能用科学合理方法自我调控情绪、让学习工作不受消极、负面情绪影响	1	2	3	4
合计					

测评方法：

高效素质测评量表共有10道题，全部题目为正向计分，完全符合计4分，大部分符合计3分，部分符合计2分，完全不符合计1分，将所有题目的得分相加，得出总分。最高分为40分，最低分为10分。

测评分析：

31~40分，学习工作效率高，学习工作和生活中，善用方法策略解决问题；善用通过管理时间、空间和情绪提高个人的学习和工作效率。

21~30分，学习工作效率一般。

10~20分，学习工作效率低，有待增强时间管理、空间管理或情绪管理能力。

4.“敬业”素质测评量表

测评目的：测量个人的敬业度（大学生主要测量敬重学业的程度）。

测评说明：敬业素质测评量表是一份帮助了解个人敬业品质的问卷。下面是一些句子描述，请您根据这些描述与自己实际情况或感受的符合程度在选择的答案上打“√”。用1、2、3、4代表符合程度。1=完全不符合；2=部分符合；3=大部分符合；4=完全符合。回答时请注意：答案没有对错之分，只要符合自己的实际情况或感受就行；凭你读每一句子后的第一印象作答；逐题作答，不要遗漏。

表11　“敬业”素质测评量表

题号	题目	完全不符合	部分符合	大部分符合	完全符合
01	在工作（学习）时常忘我、不知疲倦	1	2	3	4
02	工作（学习）时，满脑子只有工作（学习）、放下手中的工作（学习）是件很困难的事情	1	2	3	4
03	每天尽全力工作（学习）、常常超过常规要求，做得更好更完美。	1	2	3	4
04	工作（学习）时经常忘记时间，耽误休息，只要完成了工作任务就有愉悦感。	1	2	3	4
05	高度评价自己所学专业和自己即将从事的职业	1	2	3	4

题号	题目	完全不符合	部分符合	大部分符合	完全符合
06	很自豪地向别人介绍自己所学专业或即将从事的职业	1	2	3	4
07	发现所学专业和所做的工作充满意义和价值	1	2	3	4
08	能从工作（学习）中体验出一种成就感、觉得工作（学习）很有激励性	1	2	3	4
09	在工作（学习）中感到很快乐、有价值感	1	2	3	4
10	工作（学习）对自己来说很有挑战性	1	2	3	4
合计					

测评方法：

敬业素质测评量表共有10道题，全部题目为正向计分，完全符合计4分，大部分符合计3分，部分符合计2分，完全不符合计1分，将所有题目的得分相加，得出总分。最高分为40分，最低分为10分。

测评分析：

31～40分，非常敬重自己的学业和职业，对待学习和工作充满热情，认真负责。

21～30分，敬业度一般。

10～20分，敬业度低，对待自己的学业和工作敷衍塞责、消极马虎。

5. “创新”素质测评量表

测评目的：测量个人的创新意识和创新能力。

测评说明：创新素质测评量表是一份帮助了解个人创新意识和创新能力的问卷。下面是一些句子描述，请您根据这些描述与自己实际情况或感受的符合程度在选择的答案上打“√”。用1、2、3、4代表符合程度。1＝完全不符合；2＝部分符合；3＝大部分符合；4＝完全符合。回答时请注意：答案没有对错之分，只要符合自己的实际情况或感受就行；凭你读每一句子后的第一印象作答；逐题作答，不要遗漏。

表 12　“创新”素质测评量表

题号	题目	完全不符合	部分符合	大部分符合	完全符合
01	发现问题能力强	1	2	3	4
02	信息检索能力强	1	2	3	4
03	知识更新速度快	1	2	3	4
04	喜欢标新立异	1	2	3	4
05	基础知识和专业知识丰富	1	2	3	4
06	交叉知识丰富（知识面宽厚，掌握丰富的各学科知识并能够融会贯通）	1	2	3	4
07	创新知识丰富（熟练掌握创新的理论知识和方法）	1	2	3	4
08	直觉思维能力强（具有敏锐的观察力，对新事物能迅速识别和直觉判断）	1	2	3	4
09	逻辑思维能力强（能透过现象看本质）	1	2	3	4
10	创新想象能力强（联想、想象力很丰富）	1	2	3	4
11	批判思维能力强（敢于挑战、批判先入为主的东西、思维角度、方法路线与众不同）	1	2	3	4
12	灵感思维能力强（灵感活跃，善于突发奇想、充满创意）	1	2	3	4
13	创新活动成果多（如科技竞赛成果）	1	2	3	4
14	课题、论文选题独特、有创意	1	2	3	4
15	作业产品及毕业设计质量好	1	2	3	4
合计					

测评方法：

创新素质测评量表共有 15 道题，全部题目为正向计分，完全符合计 4 分，大部分符合计 3 分，部分符合计 2 分，完全不符合计 1 分，将所有题目的得分相加，得出总分。最高分为 60 分，最低分为 15 分。

测评分析：

46～60 分，创新意识和创新能力强，创新思维活跃。

31～45 分，创新意识和创新能力一般。

15～30 分，创新意识和创新能力不强。

6. “诚信”素质测评量表

测评目的：测量个人的诚信度。

测评说明：诚信素质测评量表是一份帮助了解个人诚信意识和诚信品质的问卷。下面是一些句子描述，请您根据这些描述与自己实际情况或感受的符合程度在选择的答案上打“√”。用 1、2、3、4 代表符合程度。1＝完全不符合；2＝部分符合；3＝大部分符合；4＝完全符合。回答时请注意：答案没有对错之分，只要符合自己的实际情况或感受就行；凭你读每一句子后的第一印象作答；逐题作答，不要遗漏。

表 13 “诚信”素质测评量表

题号	题目	完全不符合	部分符合	大部分符合	完全符合
01	不抄袭作业	1	2	3	4
02	考试不作弊	1	2	3	4
03	从不剽窃他人的论文和毕业设计作品	1	2	3	4
04	遵守劳动纪律，做好职责范围内工作	1	2	3	4
05	保质保量地工作，不弄虚作假，不偷工减料	1	2	3	4
06	不故意隐瞒身体健康状况	1	2	3	4
07	不恶意拖欠学费、书费	1	2	3	4
08	借钱借物及时归还、不拖欠助学贷款；	1	2	3	4
09	不骗取获取助学金和奖学金	1	2	3	4
10	坐无人售票公交车，从不逃票	1	2	3	4
11	与人交往，不说谎，不故意隐瞒事实真相	1	2	3	4
12	无网络虚假言行	1	2	3	4
13	如实撰写求职简历	1	2	3	4
14	不篡改推荐材料，不伪造荣誉证书	1	2	3	4
15	不随意毁约，认真履行就业合同	1	2	3	4
合计					

测评方法：

诚信素质测评量表共有 15 道题，全部题目为正向计分，完全符合计 4 分，大部分符合计 3 分，部分符合计 2 分，完全不符合计 1 分，将所有题目的得分相加，得出总分。最高分为60分，最低分为15分。

测评分析：

46～60分，诚信意识强，诚信度高，受人尊敬和信赖。

31～45分，诚信意识和诚信度一般。

15～30分，诚信意识和诚信度不强。

7. “友善”素质测评量表

测评目的：测量个人对人、对物的友善程度。

测评说明：友善素质测评量表是一份帮助了解个人对人、对物友善态度的问卷。下面是一些句子描述，请您根据这些描述与自己实际情况或感受的符合程度在选择的答案上打“√”。用1、2、3、4代表符合程度。1＝完全不符合；2＝部分符合；3＝大部分符合；4＝完全符合。回答时请注意：答案没有对错之分，只要符合自己的实际情况或感受就行；凭你读每一句子后的第一印象作答；逐题作答，不要遗漏。

表14 “友善”素质测评量表

题号	题目	完全不符合	部分符合	大部分符合	完全符合
01	孝敬父母、善待亲人、善待朋友	1	2	3	4
02	路途突遇有困难的人，自然伸出援助之手	1	2	3	4
03	愿意帮助弱势群体和和身处困境的其他人	1	2	3	4
04	尊敬师长、尊重关心同学	1	2	3	4
05	经常微笑，阳光开朗	1	2	3	4
06	热心助人，不厌其烦，有耐心	1	2	3	4
07	无人际矛盾冲突，善于沟通，人缘好	1	2	3	4
08	爱护公物，不随意损坏	1	2	3	4
09	爱护自然，保护环境	1	2	3	4
10	爱护生灵，不虐待动物	1	2	3	4
合计					

测评方法：

友善素质测评量表共有10道题，全部题目为正向计分，完全符合计4分，大部分符合计3分，部分符合计2分，完全不符合计1分，将所有题目的得分相加，得出总分。最高分为40分，最低分为10分。

测评分析：

31～40分，对人、对物态度非常友善，心地善良，乐于助人，善于沟通合作，人际关系和谐。

21～30分，对人对物态度比较友善，但有时也会引发矛盾冲突。

10～20分，对人对物态度不够友善，人际矛盾冲突较多。

8. “奉献”素质测评量表

测评目的：测量个人的奉献意识和奉献精神。

测评说明：奉献素质测评量表是一份帮助了解个人奉献意识和奉献精神的问卷。下面是一些句子描述，请您根据这些描述与自己实际情况或感受的符合程度在选择的答案上打“√”。用1、2、3、4代表符合程度。1=完全不符合；2=部分符合；3=大部分符合；4=完全符合。回答时请注意：答案没有对错之分，只要符合自己的实际情况或感受就行；凭你读每一句子后的第一印象作答；逐题作答，不要遗漏。

表15　“奉献”素质测评量表

题号	题目	完全不符合	部分符合	大部分符合	完全符合
01	大公无私，认为对集体有贡献是最重要的人生价值	1	2	3	4
02	凡事以集体利益为重，不计较个人得失	1	2	3	4
03	有强烈的分享意识和大局意识	1	2	3	4
04	有全心全意为人民服务意识	1	2	3	4
05	热心公益慈善活动	1	2	3	4
06	积极参加义务劳动	1	2	3	4
07	经常参加志愿者服务活动	1	2	3	4
08	热心助人、不求回报	1	2	3	4
09	勤学精技，心里装着中国梦	1	2	3	4
10	愿意到条件艰苦、急需人才的基层和边远地区工作、奉献自己的青春热血	1	2	3	4
合计					

测评方法：

奉献素质测评量表共有10道题，全部题目为正向计分，完全符合计4分，大部分符合计3分，部分符合计2分，完全不符合计1分，将所有题目的得分相加，得出总分。最高分为40分，最低分为10分。

测评分析：

31～40分，有非常强烈的奉献意识和奉献精神。大公无私，关心国家集体利益，不计较个人私利；热心助人，不求回报。

21～30分，奉献意识和奉献精神一般。

10～20分，奉献意识和奉献精神不强，看重个人私利，大局意识和服务意识不够，有待加强。

四、测评办法和结果应用

（一）测评办法

1. 前测与后测相结合

前测是指在雷锋式职业人素质训练前，运用素质测评量表对学生进行八种素质的测评，了解学生原有的素质水平。后测是指在雷锋式职业人素质训练后，再次运用素质测量量表对学生进行八种素质的测评，了解学生的素质发展情况。通过前后测评结果的对比分析，检验雷锋式职业人素质训练效果，检验学生的八项素质在训练后是否有了发展和提升。

2. 定性与定量相结合

雷锋式职业人素质测评是一种特殊的复杂的社会认知活动，这就决定了大学生素质测评不同于其他形式的测评活动，一方面，大学生素质具有复杂性、抽象性和隐蔽性；另一方面，人的素质包含许多方面，这些方面又能通过具体的社会行为表现出来，而这些具体的行为表现又具有可测性和可观察性。因此，雷锋式职业人素质测评过程中必须遵循定性与定量相结合的测评原则。所谓定性测评，就是采取经验判断与观察的方法，侧重从行为的性质方面对测评对象的素质进行综合分析与评价；所谓定量测评，就是运用数据的形式，通过对测评对象表现出来的一些量的关系的整理和分析，从数量上相对精确地反映测评对象的局部或整体面貌。定性注重“质”的方面，是对人才素质本质属性的鉴别与确定；定量注重“量”的方面，是通过数学符号来表示人才素质的综合特征。定量测评是定性测评的基础，没有科学的定量分析，所做出的对人才素质的定性分析可能有失妥当；定性则是定量的出发点和结果，将人才素质进行细化与定量，不是测评的目的和宗旨，而是作为对人才素质进行定性的手段。定量只能作为阐明定性的客观基础，定性也只能作为定量的前提和归宿。实践证明，离开定性的定量测评容易导致机械地追求分数的倾向，而忽略了对内在质量的要求；离开定量的定性测评，又容易使认识停留在模糊阶段，过多地依赖以往的经验和一时的印象，主观随意性大。因此，只有把定性测评和定量测评紧密结合起来，才能使测评更精确、更具体、更全面，从而更具有说服力。在雷锋式职业人素质测评中，学生素质的定性分析是测评的直接目的、出发点和归宿，同时又必须以定量分析为基础和依据，所以是在定性测评的基础上进行定量分析，再引为依据，进行量的分析、比较、综合，在更高层次上进行定性测评，达到定性与定量测评的有机统一。

3. 自评、互评与师评相结合

雷锋式职业人素质测评的对象是人，为了提高测评的客观性、准确性和全面性，要将学生自评、互评和师评相结合，增强实际测评效果。教师测评是指作为评价对象之外的教师对大学生进行的评价。这种评价的主体往往是素质训练教师、班主任、辅导员。教师测评较为严格，也较为客观，可信度较高。所以，一般在对学生的测评中占有主要地位。但是，如果仅只采用单一的教师测评则会导致评价主体的错位，学生仅仅被看成是受评的客体，完全处于消极被动的地位。以往传统的大学生思想道德素质评价都着重于运用教师测评，评价过程是自上而下的单向评价，学生没有参与评价的机会，只能无条件地接受并服从评价结果。这种评价主体的错位，压抑了学生的主动性和积极性，容易增加学生的心理负担。所以创建素质测评体系要重视学生的主体地位，关注学生个人的处境和需要。在教师对学生的测评中，要强调师生间的尊重与信任、沟通和交流。教师要更加关心学生的心理感受以及对测评结果的认同，帮助学生客观全面地认识自己，促进其进一步发展。学生互评主要是指由学生所在班级的班委会、团支部对大学生的素质表现做出的等级评价。学生互评不仅可以提高他们的责任感和批判思维能力，学会客观公正地评价他人，还有利于学生之间互相取长补短，交流合作，建立良好的生生互动关系。学生自我测评是指作为评价对象的学生根据测评标准，对自我进行的评价。学生发展固然需要来自外部的评判和督促，也同样需要来自内部的反思和激励。自我测评是德育评价中主要的方式之一，它虽然在大学生素质测评中所占比重不大，但开展自我测评能够充分发挥评价对象学生的主观能动作用，使学生进行自我认识、自我完善、自我教育和自我提高。让学生进行自我评价，不仅可以帮助学生认识自己的素质现状与培育目标的差距，而且可以促使学生逐步学会自我监控、自我调整、自我改造和自我完善，不断提高他们的主体意识和自我教育能力，形成独立自主、开拓创新的人格特征。综上所述，雷锋式职业人素质测评是一种多测评主体参与的综合测评。素质测评的最后结果应是由素质训练教师、辅导员、班主任、学生干部、学生自身分别依据雷锋式职业人素质测评量表进行测评得分，最后综合相加的结果。

4. 精确测评与模糊测评相结合

精确测评是指任何一种测评信息与任何一个评判，都力求准确可靠，不下无根据的结论，不用无依据的信息，精益求精。模糊测评是指测评信息的收集与素质评判并不要求那么准确，大概觉得具备某种素质就可以做出分析判断。因此，模糊测评是一种大概测评、印象测评。素质测评如果只求精确不能模糊，那么素质测评可能无法定论；如果模糊不求精确，那么测评结果可能就主观随意。因此，雷锋式职业人素质测评应该是在模糊之中求精确，在精确之中蕴模糊。能精确处求精确，不能精确之处则模糊。精确测评与模糊测评相结合，体现在标准制定、方法选择、信息分析、结果评判与解释的全过程中。

5. 分项测评与综合测评相结合

分项测评是把素质分解为一个个的项目分别独立地测评，然后再进行汇总；综合测评是对综合素质的各个方面进行整体的系统的测评。素质是一种相当复杂的行为系统，对它进行必要的分解、逐项的测评有助于了解学生单个素质的发展状况；但是素质被分解为一个个要素之后，不少整体特征就可能损失，尽管最后加总求和，但却反映不了原貌。因此，雷锋式职业人素质测评应该分项测评与综合测评相结合。

（二）测评结果

雷锋式职业人素质测评本身不是目的，它是提升学生素质、促进学生全面发展的一个有效举措。只有建立起有效的测评反馈机制，才能使测评工作具有更强的应用价值。建立有效的测评结果反馈机制，通过对测评结论的分析与反馈，能够发现和掌握学生整体和个体素质发展状况，激励学生不断进行自我调整、自我提高。学校还可以根据反馈的结果对素质测评量表做进一步修改完善，对既有素质训练方案及时做出分析和总结，不断完善育人的方式方法，提高学校思想政治教育和管理工作效能，达到以评促建、以评促改、以评促管的效果。

1. 对评价的再评价

雷锋式职业人素质测评的总结反馈，是素质测评过程的最后一个环节，它直接关系到大学生素质测评功能和作用能否得到有效发挥、关系到大学生素质测评目的能否得以实现。雷锋式职业人素质测评的根本目的，在于对高职学院雷锋式职业人素质训练及大学生素质发展做出科学评价，激励大学生们积极努力、全面发展，引导教育者不断加强和改进大学生素质训练，不断提高大学生素质训练的有效性，实现其最大价值。实践表明，只有客观真实地反映测评对象实际状况的测评结果，才能真正达到测评的目的。在测评实践中，运用素质测评的理论与方法，按照规范的程序进行大学生素质测评，一般而言，其客观性、真实性能够得以有效的保证。但由于大学生素质测评的复杂性，大学生素质发展与表现受到多种因素的影响，以及对测评结果要求的严肃性，往往还必须对测评结果做出再评价，而后再下结论。对测评的再评价，一般包括以下三个方面：（1）对测评指标体系的评价，主要是看各指标是否满足了完备性、互斥性等要求，权重配置是否反映了客观实际与政策导向等要求；（2）对测评过程的再评价，主要是看搜集的测评信息的全面性、准确性、真实性，以及信息分类整理的准确性与合理性和运用测评方法与计算程序的正确性等；（3）对测评结果的再评价，这是从总体上对测评结论是否有明显与客观事实不符的现象进行判断，如果有这种现象，要进一步检查测评各环节是否有纰漏和瑕疵。

2. 反馈测评结论

为了充分发挥雷锋式职业人素质测评的作用，测评活动结束后，还要采取一定的方式向相关部门和人员进行反馈：一是向高校相关职能部门汇报测评结果，为他们进行大学生素质训练的决策提供依据；二是向测评对象反馈，在此要注意反馈的方式，必要时要对有些结论做出解释，并使其明确今后发展努力的方向，引导、激励测评对象不断改进和全面发展。

3. 撰写测评报告

撰写雷锋式职业人素质测评报告，是指以书面的形式报告测评的过程及其结果。按照测评的对象和内容，测评报告可分为综合测评报告与单项测评报告。报告的主要内容一般包括：测评的时间、测评机构和人员、测评的实施步骤与基本方法、测评的结果与最后的测评结论等。需要指出的是，重视雷锋式职业人素质测评的总结与测评报告的撰写，特别是据此建立起雷锋式职业人素质测评档案，即将素质测评过程中的各项文件、计划、方案、数据和总结等，立卷建档并形成制度，逐渐形成雷锋式职业人素质测评信息系统，进而促进雷锋式职业人素质测评制度化、科学化的进程。

（三）测评应用

1. 自我完善的依据

构建雷锋式职业人素质测评体系可起到激励学生自我发展的作用，美国著名的教育评估专家斯塔弗尔比姆（Stufflebeam）曾经说过，“评价最重要的目的不是证明，而是改进”。素质测评不是来评价哪些学生是最优秀的，也不是给学生划分等级，而是为了激励学生依据科学的测评标准改进自己的行为，对学生起到“指路明灯”的作用，使他们向着正确的方向发展。素质测评是为雷锋式职业人素质训练服务的一种工具，其功能不仅表现在对学生素质训练成果进行评定，而且还表现在利用评价的手段帮助学生发现存在的问题，分析产生问题的原因，寻找解决问题的方法，以促进学生的发展。素质测评，可以使每个大学生认清自己的素质，了解自己的优势和不足，在实践中扬长补短，更好地实现自我发展、自我完善。同时，每个人还可以在必要时针对自己的不足，主动接受有关方面的培训，为学生潜在素质的开发提供有价值的参考意见。

2. 评先评优的依据

雷锋式职业人素质测评结果应成为反映学生素质发展状况的依据，成为学生评先评优、评定奖学金以及对学生进行雷锋式职业人素质鉴定的主要依据。评先评优、评定奖学金都必须考虑学生素质测评结果。雷锋式职业人素质评定不合格者不得参加三好学生、优秀干部和各级各类奖学金的评选。

3. 选拔良才的依据

雷锋式职业人素质测评的结果，可以反映出不同学生的素质发展水平，具有实践上的应用价值。测评结果作为评选优秀毕业生、向用人单位推荐良才、与学生家长沟通等其他工作的依据，有利于激励大学生夯实基础，发挥特长，开拓创新，以适应时代发展的需要。

附录一 实施方案

2015 年推行“高职雷锋式职业人素质工程”的实施方案

我院“高职素质训练课”已于 2012 年秋纳入各专业人才培训方案，素质训练项目作为湖南省思政特色项目已在我院试行 3 年，但受益面尚未覆盖全体学生。2014 年“雷锋式职业人素质训练工程”立项为湖南省普通高校思政示范建设项目，学院决定由学工处牵头，全体辅导员、思想政治理论课教师和相关专业教师共同参与，在全院学生中推广“高职雷锋式职业人素质训练工程”，通过“系列专题素质训练”和“日常管理素质训练”实现“雷锋式职业人”的品质内化，确保“雷锋式职业人素质训练工程”对全院学生的全覆盖，全面提高了我院学生的综合素质和职业道德素养。我院所提炼的实践育人模式将为我省乃至全国高职院校实施素质教育，提高人才培养质量，形成学雷锋时代化和常态化的长效机制，推进雷锋精神的职业化提供参考依据。

一、组织机构

1. 领导小组

组长：学院党委书记、学院院长

副组长：主管学生工作的副院长、主管教学工作的副院长

成员：学工处处长、教务处处长、各系部主任、各系部书记

职责：领导小组负责审议实施方案和工作总结，并督查实施过程，适时提出修改意见

2. 办公室

主任：学工处处长

成员：学工处相关人员

职责：负责严格按方案推进整个工程的全面实施，负责学生日常素质训练、日常督查、创评活动、总结表彰，评审汇报

3. 教研室

组长："雷锋精神职业化"项目主持人

成员：课程建设与科研团队相关工作人员

职责：负责教材建设、课程标准制定、在线课程建设、师资培训，教学网站建设，组织示范课和公开课、素质训练课竞赛、教学质量测评

4. 雷锋职业精神研究基地

主任：主持本项目或课题的学院党政领导

首席专家：省级项目或省级重点课题主持人

成员：具体负责系列课题或项目的研究人员

职责：负责理论研究、实践研究、教学改革、成果申报、总结提炼、对外推广、宣传报道

二、组织实施

（一）雷锋式职业人素质训练课

1. 实施对象：1～2 年级学生

2. 备课形式：（1）团队合作。以系部为单位由辅导员、思想政治理论课教师和各专业教师组成备课组，严格参照课程标准执行。采取集体研讨备课的形式，共同钻研每一种素质训练的方法与途径。（2）重点突破。每位教师重点主攻 1 个素质训练项目的教法研究，刻苦钻研，广泛请教，力求在教育的实效性上有所突破，达到可以展示或录制公开课的程度

3. 授课方式：（1）以行政班级为单位开展素质训练。一般选择班会课时间授课。（2）公共选修班一般选择学院公共选修课时间授课

说明：公共选修班属于素质训练强化班，目的是帮助各行政班培训学

生素质训练员，作为辅导员开展素质训练课的助手，该班遴选的是优秀学生干部或有素质训练爱好和特长的学生，一般每个系部开设一个公共选修班，由系部书记亲自担任班主任，由素质训练专业培训师授课，对学生开展系列专题训练

4. 课时安排：共16课时（1学分），第一学年开设

5. 课时纳入依据：（1）以系部为单位填报《XXX系雷锋式职业人素质训练课安排表》以备学工处督查。（2）每位任课教师每周五前必须将本周电子教案附“XX班级训练图片”发至统一邮箱，以便刊入学院“雷锋式职业人培育周刊”。电子教案及班级训练图片是教师纳入课时的主要依据

6. 竞赛课展示：教师素质训练主题班会课竞赛于每年6月举行，通过系部遴选，每个系推选1人参赛，评出一等奖1名；二等奖2名，三等奖3名

（二）雷锋式先进个人和雷锋号先进集体的创评活动

1. 实施对象：全院在校学生（含一、二、三年级）

2. 雷锋式先进个人：（1）“雷锋式先进个人”的评选。一是评选创新型、服务性、协作型、学习型、健康型“学雷锋标兵”；二是评选全面发展的“学雷锋先锋”。具体标准和条件以学工处下发的文件为准。（2）“雷锋号”先进集体创评活动：包括“雷锋号”寝室、“雷锋号”实训室、“雷锋号”班级、“雷锋号”志愿服务团队。具体创评标准以学工处下发的文件为准

3. 创评时间：2015年3至12月

4. 评奖时间：2016年3月

三、工作安排

表 16　2015 年全院实施雷锋式职业人素质训练工程的进程表

类型	对象	时间	训练内容	授课形式	授课人
学生素质训练	2013 级学生	2015 年上学期 5～15 周	雷锋八种职业品质：感恩、自信、主动、勤奋、敬业、创新、友善、协作	（1）教师完成四种素质的训练，计 8 课时（需提供电子教案及任教班级训练照片），纳入教师课时 （2）各班班委会组织完成四种素质的训练，不纳入教师课时	以辅导员为主力的师资队伍
	2014 级学生				
	2015 级新生	2015 年下学期 5～15 周		严格按照公共选修课的程序授课，学生需进入教务系统选课，由各系遴选的教师完成 8 种素质 16 课时的教学任务	各系遴选的师资
教师培训	辅导员和其他素质训练教师	3 月		第一轮师资培训	项目主持
		4～5 月		学生素质训练营的示范课、公开课、录像课（每周公开课公布在辅导员素质训练课群）	学院素质训练中心专业素质训练师
		6 月 4 日		“雷锋式职业人素质训练主题班会课”竞赛	参赛教师
素质测评	全院学生	6 月	素质结构测评与分析	学生素质抽测，每系抽测 10% 的学生进行素质测试，撰写素质测评报告	素质训练中心
	师资队伍	6～7 月		全院素质训练师资队伍遴选和第二轮师资培训	
创评活动	全院学生	3～12 月	按照创评标准创建和评选	雷锋式先进个人评选： 创新型、服务性、协作型、学习型、健康型“学雷锋标兵”和“学雷锋先锋”	学工处
				“雷锋号”先进集体评选： 包括“雷锋号”寝室、“雷锋号”实训室、“雷锋号”班级、“雷锋号”志愿服务团队	

说明：公共选修课和主题班会课开设素质训练课请各系部期初上报教务处，并纳入教务系统。项目建设期间所有课酬从湖南省思想政治教育示范建设专项建设经费中列支。项目结项后，教务处根据教务系统上报课务情况进行监管，并按照正常课时计酬。

雷锋式职业人素质训练工程项目组

2015 年 2 月

附录二　课程标准

"雷锋式职业人素质训练教程"
课程标准

课程编号：GZSZJY01
适用专业：所有专业
课程类别：公共学习领域
修课方式：公共选修
教学时数：18 学时（1 学分）
编制人：罗慧玲

一、课程定位和课程设计

（一）课程性质与作用

1. 课程的性质。"雷锋式职业人素质训练教程"是为高职院校各专业学生开设的一门公共选修课程。本课程致力于解决高职学生职业素质教育的实效性问题，立足于现代用人单位对员工职业素质的需求结合雷锋职业精神和高职生自身特点，通过对学生开设系列素质训练来培养高职学生立足社会、走向成功所必须具备的良好素养，为高职学生的成人、成才、成功奠定坚实的素质基础。

2. 课程的作用。基于对世界 500 强企业对员工素质需求与雷锋职业精神的研究分析，本课程以现代企业最重视的 3 种类型 10 种职业素质培养为重点进行课程设计，培养高职生高尚的道德情操，以及良好的行为习惯、意志品质、自我管理能力，全方位提升高职学生的职业素质，以促进其顺利就业创业和终身可持续发展。

（二）课程改革的基本理念

本课程突破了以往过分强调观念灌输、理论说教和技能培养的职业素质教育传统模式，强调个人在职业生涯发展道路上习惯养成、素质沉淀、品格形成的重要性。本课程在素质教育的方法途径上大胆改革和创新，以

"行为训练"代替"理论说教",以"实践体验"促进"品格形成",力图通过"实践"、"体验"、"习得"、"感悟"、"养成"等一系列的"行为训练"在学生的活动中潜移默化地实现素质沉淀和品格形成。

(三)课程教学设计的基本思路

素质训练是实现素质养成的一种教育手段。成功素质训练希望通过一系列有目的的个体或团体训练以及社会实践活动,在实践中帮助学生通过自我体验和自我感悟,产生正确的认知,形成良好的习惯,突破自身的弱势,提升情商水平,锤炼意志品质。

本课程由读"雷锋日记"、讲"雷锋故事"、学"职场雷锋"、测"职业品质"、练"职业素质"、写"训练感言"、品"哲理经典"、成"良好习惯"八环节形成完整的教学过程,教学方法上采取区别于传统"观念讲授法"的"素质训练法"。一般来说,学生可通过翻转课堂在网校完成前四个环节的学习,教师着重指导学生开展后四个环节的训练和评价,帮助学生在行为训练和情感体验中实现职业素质的实质性提升。

教学方法主要有项目驱动法、任务导向法、角色扮演法、情景教学法、案例讨论法;主要训练途径有个体训练、团体训练、社会实践训练、户外拓展训练等。在整个实训过程中学生是"角色参与者",教师兼有"导演"和"素质训练师"双重身份。教师要掌握明确的训练目标、训练要点、训练的技能技巧,指导学生在实践和实训活动中获得情感体验和潜移默化的教育,形成良好的素质。

二、课程目标

(一)素质目标

1. 动力目标:(1)爱国(2)责任
2. 行动目标:(3)高效(4)敬业(5)创新
3. 品质目标:(6)诚信(7)友善(8)奉献

(二)能力目标

1. 知恩感恩能力(生命感悟能力训练、理想信念教育)
2. 自我认知能力(生涯规划与设计、自信心训练)
3. 时间管理能力(行动力训练)
4. 吃苦耐劳能力(自制力的训练、坚持力的训练、)

5. 责任担当能力（责任意识训练、诚信案例训练、专注力的训练）
6. 思维创新能力（创新思维训练）
7. 爱的能力（爱的能力训练）
8. 团队合作能力（沟通能力训练、协作能力训练、合作能力训练）

三、课程内容与要求

表 17 “雷锋式职业人素质训练教程”教学内容、训练项目、课时安排

核心素质及类型		素质	素质训练项目	素质训练内容举例	“思想道德修养与法律基础”课渗透训练对接章节	课时	培育目标
动力素质	1. 爱国	爱国爱家	家国情怀训练	撰写“爱国电影”观后感、“中国制造2025”主题演讲、“中国美、家乡美”设计方案	第二章第二节 以爱国主义为核心的民族精神	2	理想信念培养
		知恩报恩	感恩行动训练	计算我的成长成本、撰写一篇感恩父母的日志、讲述成长中恩人的故事；企业家回报社会案例训练、感恩训练	第四章第二节 弘扬中华传统美德	2	
	2. 责任	信念坚定	责任意识训练	说我的家庭使命、职责意识训练、“中国梦和我的梦”演讲；自信心训练、积极心态训练、担当意识训练	第一章第二节 树立科学的理想信念	2	
		目标明确	人生规划训练	学业生涯规划、职业生涯规划设计、人生规划设计		2	

<table>
<tr><th colspan="2">核心素质及类型</th><th>素质</th><th>素质训练项目</th><th>素质训练内容举例</th><th>“思想道德修养与法律基础”课渗透训练对接章节</th><th>课时</th><th>培育目标</th></tr>
<tr><td rowspan="6">行动素质</td><td rowspan="2">3. 高效</td><td>积极行动</td><td>行动力训练</td><td>时间管理训练、终结拖延训练、学会做计划写行动日志</td><td rowspan="2">第一章第三节 在实践中化理想为现实</td><td>2</td><td rowspan="6">意志品质培养
自我管理能力培养
创新创业能力培养</td></tr>
<tr><td>持之以恒</td><td>坚持力训练</td><td>意志力的训练、耐挫能力训练</td><td>2</td></tr>
<tr><td rowspan="2">4. 敬业</td><td>专心致志</td><td>专注力训练</td><td>自制力的训练（嗜好收敛、情绪管理）、注意力训练</td><td rowspan="2">第五章第二节 职业道德</td><td>2</td></tr>
<tr><td>精益求精</td><td>细节意识训练</td><td>注重细节、放物有序、一丝不苟训练</td><td>2</td></tr>
<tr><td rowspan="2">5. 创新</td><td>勇于创新</td><td>创新思维训练</td><td>发散思维训练、逆向思维训练、辩证思维训练</td><td>第二章第三节 以改革创新为核心时代精神</td><td>2</td></tr>
<tr><td>敢于创业</td><td>创业能力训练</td><td>空间管理能力、工作任务管理、压力管理、勤奋吃苦能力训练、共赢思维训练、勤俭节约意识训练、自强不息精神培育</td><td>第五章第二节 职业道德</td><td>2</td></tr>
<tr><td rowspan="2">合作素质</td><td rowspan="2">6. 诚信</td><td>诚实守信</td><td>诚信意识训练</td><td>诚实案例训练、劳动合同训练、契约意识训练、信守承诺训练、质量意识训练</td><td>第四章第四节 加强社会主义道德建设</td><td>2</td><td rowspan="2"></td></tr>
<tr><td>依规守法</td><td>法治思维训练</td><td>法律思维训练、底线思维训练、规则意识训练、权利义务意识训练</td><td>第七章第二节 培养社会主义法治思维</td><td>2</td></tr>
</table>

<table>
<tr><th colspan="2">核心素质及类型</th><th>素 质</th><th>素质训练项目</th><th>素质训练内容举例</th><th>“思想道德修养与法律基础”课渗透训练对接章节</th><th>课时</th><th>培育目标</th></tr>
<tr><td rowspan="4">合作素质</td><td rowspan="2">7. 友善</td><td>文明有礼</td><td>交往礼仪训练</td><td>口头语言表达训练、身体语言表达训练、站姿坐姿训练、接待礼仪训练、微笑训练、问候语训练</td><td>绪论第一节
适应人生新阶段</td><td>2</td><td rowspan="4">合作能力培养

人格品质培养

人生境界提升</td></tr>
<tr><td>团队协作</td><td>合作能力训练</td><td>同级合作训练——尊重理解、随和大度、求助示弱训练、共赢思维训练
上下级合作训练——服从意识训练、大局意识训练、超前意识训练</td><td>第五章第一节
社会公德</td><td>2</td></tr>
<tr><td rowspan="2">8. 奉献</td><td>宽厚仁爱</td><td>爱的能力训练</td><td>共情倾听训练、目光赞赏训练、真诚赞美训练、求同存异训练、包容心的训练、做有心人的训练</td><td>第四章第二节
弘扬中华传统美德</td><td>2</td></tr>
<tr><td>甘于奉献</td><td>豁达品质训练</td><td>分享意识训练、服务能力训练、大局意识训练、整体意识训练、生命感悟训练</td><td>第三章第二节
创造有价值的人生</td><td>2</td></tr>
</table>

注：(1) 在选修课和主题班会课开设按照每种素质2课时计算，共16课时。(2) 不少训练项目可引入思想政治理论课，特别是“思想道德修养与法律基础”课的相关章节的课堂教学中，可以有效地增强思政课的针对性、互动性、时效性，本表为此进行了一体化设计。

（一）教学内容说明

教学内容说明：

第一，行动品质与合作品质应是一级内容，应作为职业素质训练的重点内容。

第二，动力品质为二级内容。这是因为“动力品质”在“思想道德修养与法律基础”课程中开设有相关的教学内容（但主要侧重理论教学）；“团结协作”品质可选用“信任背摔”、“生死电网”、“无敌风火轮”、“毕业墙”等户外拓展项目开展，可根据学院具体条件而定，如校内没有合格的素质拓展基地，需外出进行素质拓展，必须获得学工处的正式批准，并在正规的素质拓展基地请有资质的训练师对学生进行素质拓展训练，以确保学生安全。

（二）课程教学要求

1. 明确 8 种素质训练目的和操作技巧，让学生在训练中成长

2. 课内素质训练和课后训练相结合，巩固素质训练的实效

3. 建立素质训练考评机制，评估素质训练的效果

4. 课内实训教学方法建议

（1）八步训练法。本课程根据素质培养的教学规律，采取由理论到实践、由课堂训练到习惯养成的八步系统训练教学法进行教学。课程体例由读“雷锋日记”（触动）、讲“雷锋故事”（感悟）、学“职场雷锋”（触动）、测“职业品质”（自省）、练“职业品质”（行动）、写“训练感言”（提升）、品“哲理经典”（明理）、成良好习惯（固化）八部分组成。教师应在授课前布置学生通过网站或教材自学基本完成前四个环节的学习任务，教师只需在新授前对前四个环节进行 10 分钟左右的梳理；然后重点指导学生做好“训练有方（课堂训练）”，同时布置学生完成好“课后训练”，第二节上课前对课后作业完成好检查，上课前五分钟对上一周的课后训练情况进行点评。经过这八步的系统训练，可以让学生在行为训练的实践中完成“感悟”、“体验”、“习得”、“顿悟”、“养成”等一系列的心理过程，潜移默化地实现素质沉淀和品格形成，促进学生素质实质性地提升。

（2）项目驱动法。本课程建议采用“项目驱动法”，让学生在训练项目的激励和驱动下，积极参与活动，最终习得和培育出优秀的素质。如何激励？比如：通过让学生公开承诺、签订行为契约、坚持 21 天做同样的事情（如晨练、写日记、做操等）来进行意志力比赛，只有将某一种行为不断巩固形成一种习惯，才能有效地促进素质的真正养成。

（3）以学生为中心的教学法。本课程建议采用以学生为中心的教学方法，彻底突破以教师为中心、以知识为本位、以讲授为途径、以考试为终点

的传统教学局限，实施以学生为中心、以能力素质为本位、以实践训练为途径、以综合考评为结果的教学理念，还学生以教育主体的地位，通过学生参与活动、亲身实践、分享感悟、主动验证，最终习得所需的素质和能力。

5. 基于学生心理发展规律，科学把握实训教学流程

（1）训练。这是素质训练关键的第一步——体验。任何一个训练项目的开始都是学生在训练师的指导下去参与一项活动，去完成一项任务，并以观察、表达和行动的形式进行，这种体验是整个过程的基础。

（2）感受。学生通过置身其中，得到最真切的感受。这种感受将是全方位、印象深刻的。这时学生将自发回想刚才经历的全过程，对这一过程进行分析，产生观点。这个环节是极其重要的，因为从心理学的角度讲，感受经过表达（尤其是书面表达）后会被强化。

（3）分享。“三人行，必有我师焉。”一组人数一般在 8 至 10 人左右。每个人都把自己的感受讲出来分享，每一个人就会得到数倍的经验，这也是素质训练的一大魅力所在。在这个过程中，训练师要积极地鼓励学生发言，灵活地运用提问等技巧，引导大家的思维在原有观点的基础上更进一步，群策群力，使众人的观点向着正确的方向归纳。

（4）总结。当大家的观点趋于成熟时，训练师将大家讨论的结果，结合相关的理论知识，进行归纳总结，把学生的认识由感性上升到理性。

（5）应用。这个过程是在“课后训练”的学习生活中由学生自己完成的，使认识从实践中来最终指导实践，完成认识的螺旋式上升的过程，使认识最终沉淀为内在素质。

四、课程教学条件

1. 学生基础。本课程教学对象为高职院校各专业在校一、二年级学生。

2. 教师条件 。建议在五支队伍中遴选师资：辅导员、班主任、心育教师、思政教师、体育教师、学生素质训练员（经过专业训练后的学生）经过集中培训后组成一支学院固定的素质训练师资队伍，采取集体备课的方式，共同承担全院学生的素质训练工作。

3. 教学条件。实训室（必备）：教室 40 平方米大小，桌椅可以移动，适合班级学生开展课内素质训练，可以分组组合，有多媒体即可，如有地板胶更好；素质拓展基地（非必备）：校内可设置小型的拓展基地；如学校附近有拓展基地也可签约使用。

五、课程考核

考核方式：综合评价（过程性评价60%+期终素质测评40%）

表18　课程评价标准

（1）过程性评价（60%）			
标准与等级（分值范围）	参与程度（40分）	主动协作能力（30分）	课后训练作业（30分）
优秀（100~90分）	在团队构建、素质训练项目活动中积极、主动	团队意识强，善于协作，有很强沟通能力和集体荣誉感	按时完成“课后训练”，制订“我的素质训练计划”并认真执行，完成质量高
良好（90~80分）	在团队构建、素质训练项目活动中比较积极、主动	团队意识较强，比较善于协作，沟通能力和集体荣誉感强	按时完成“课后训练”，制订“我的素质训练计划”并认真执行，完成质量较高
一般（80~70分）	在团队构建、素质训练项目活动参与程度一般	团队意识一般，能协作，有一定的沟通能力和集体荣誉感	按时完成“课后训练”，制订“我的素质训练计划”并执行，完成质量一般
及格（70~60分）	在团队构建、素质训练项目活动中主动参与性不强	团队意识、协作精神、沟通能力、集体荣誉感不强	没有按时完成“课后训练”，无“我的素质训练计划”，执行和完成质量一般
不及格（60分以下）	出勤率未过半	团队意识弱	没有完成课后训练

（2）终结性评价（40%）		
序号	测评内容	分值
1	对成功人生有正确的理解；重视和了解素质训练	10分
2	有理想信念；目标明确，既有长远目标又有近期计划；能自我悦纳、乐观自信，积极阳光	20分
3	诚实守信，有责任意识，严谨细致、精益求精；做事主动，行动力强，守时不拖拉；有标准意识；有情绪管理能力和行为约束能力；能持之以恒，吃苦耐劳，有毅力；思维有创造性	40分
4	能理解和共情；善于合作，能有效沟通；谦虚豁达，乐于奉献；为人善良，懂得爱的付出方式	30分
合计		100分

六、参考资料

1. 罗慧玲，李吉珊，黄锦玲，等. 高职成功素质训练教程［M］. 长沙：湖南人民出版社，2015.

2. 罗慧玲，李吉珊，彭赛红，等. 做雷锋式职业人行动手册［M］. 长沙：国防科技大学出版社，2014.

3. 拿破仑·希尔. 成功学教程［M］. 海口：海南出版社，2002.

4. 陈安之. 21世纪超级成功学［M］. 北京：知识出版社，2001.

5. 阚雅玲，张强. 大学生成功素质训练［M］. 北京：机械工业出版社，2007.

6. 阚雅玲，胡伟. 职业规划与成功素质训练［M］. 北京：机械工业出版社，2009.

7. 肖永春，齐亚丽. 成功心理素质训练［M］. 上海：复旦大学出版社，2004.

附录三　典型案例

【背景】在2015年“湖南省高职学生技能抽查”工作中，长沙职业技术学院机械工程系、经济贸易管理系均取得优异的成绩，合格率达到100%，获得全省第一名。机械制造与自动化专业曹婷同学在技能抽查过程中表现突出，获得专家评委的一致好评。下面是她的心得体会。

我在长职成长

2015年11月1日，对我来说是一个重要的日子。这一天，我参加了一年一度的湖南省高职学生技能抽查，在考核中取得了优异的成绩，有幸赢得了专家的好评。这不仅仅是对我职业技能和职业素养的肯定，也是对我们学院的认可。我一直相信“肯努力就会有收获”。回首五年，我在长职成长，是在雷锋职业精神鼓励下成长起来的。我院地处雷锋故乡雷锋镇，升入高职来到主校区，我们就发了一本《做雷锋式职业人行动手册》，老师告诉我，雷锋是一个优秀的职业人，我们要学习雷锋“螺丝钉”般爱岗敬业精益求精的敬业精神，“钉子”般“钻”和“挤”的创新精神，对同学像春天般温暖的奉献精神……

2011年9月，我来到长沙职业技术学院机械工程系进行学习，初到学校进入班级，进入一个男生班，有太多的不习惯，那时候的自己又有点自卑，每天除了上课其余时间基本是在宿舍度过。甚至于，自己已经报名了，却不知道自己读的是什么专业，除了机械二字，我不知道去向别人介绍些什么。看着初中同班的闺蜜一个个都离开了学校踏上工作岗位，我也曾想过是否放弃学这个专业。但在老师的耐心帮助和指导下，我坚持下来了。我觉得自己既然还没有确定目标，就先做好自己该做的。慢慢的，我发现，我们系里也有很多女老师是学机械的，而且她们都很优秀，我想，我也一定能学好机械专业。这种信念支持我读完了两年中职，而且我的成绩一直是班级第一。

2013年9月，我们由中职过渡到了高职，在浏阳进行了军训。军训的时间虽然不长，可是烈日下我们并不曾休息，纵使汗流浃背，我咬牙告诉自己要坚持。在老师的鼓励和同学们的陪伴下，我更加坚定，我对自己说：不要轻易否定自己，很多时候不是能不能，而是你愿不愿意去坚持！

有人说大学是一本教科书，我也在这本书里感受到了学校浓厚的学习氛围和多彩的生活环境。我参加了丰富的社团活动，收获了真实的同学情谊，提升了自己综合素质！在机械专业这一大“篇章”里，我领悟到了机械的魅力，体会到了理论与实践结合的美妙，练就了自己的专业实力，提升了自己的职业素养。

一、态度是学习的关键

“当你变得喜欢一件事情的时候，你总会想要去做好它。”俗话说，态度决定一切，从真正成为一名大学生的第一天开始，我告诉自己要端正学习的态度。想搞好学习，首先不要让那些不好的情绪困扰自己，面对困难要调整好自己的心态，放松自己的心情，不要背着“负担”去学习。

“早起的鸟儿有虫吃”，每次上课的时候我都很早去教室，特别是实训课的时候，有时候老师还没到我就已经在门外等候，我会利用上课之前的时间跟老师聊天，并请教一些如何学好本专业的问题。在实训的时候，我就请教实训操作时需要注意哪些方面，时间长了，收获的不仅仅是师生之情，更重要地，在每天早上的晨聊中我进步了，收获了很多的专业知识。

二、勤奋是学习的根本

勤奋，是学习的根本。没有了勤奋，就算再聪明，也不可能有大的成就。我清楚地知道自己的动手能力不是最好的，于是我就在这方面要求自己多加练习。

雷锋是一个能吃苦耐劳的人，从他反复练习掷手榴弹就可以看出。有好几次在进行各项训练时，都会听到有同学说“你都把你的任务做完了，休息一下吧”，“没关系，我还想再练习一下我还有一个地方不熟练”，抑或是“哇，你这么早就在这练习了，不用这么认真吧，还没到上课时间呢”，“其实我也刚到，不是认真啦，是想多练习练习”。有时候，我会在中午上课之前提前到实训室，练习相应的项目，面对操作不熟练的地方，我会多练习几遍。在刚开始练习车工车尺寸的时候，我怎么车都车不对，不是多了就是少了，但我没有因此而丧气，而是不断向老师请教，更加努力一遍又一遍地练，在这个过程中，一点一点地改善，最后把那个尺寸车对的时候，心里就会升起一种成就感。我虽不像他一样拥有某方面的天赋，但我始终相信“熟能生巧”，勤奋的学习和付出总会有所收获。渐渐的我也跟上了很多男生的步伐，在实训方面我也可以跟他们一起在规定的时间内完成工件加工。

三、勇气是成功的垫脚石

雷锋是一个勇敢的人，可以带病连续 7 天战斗在抗洪抢险第一线。事情不都是一帆风顺的，学习也是。在这个过程中会遇到各种各样的难题，我就学习雷锋“钉子般”的钻研精神。

在一次车工实训的时候，我的手指不小心被扎进了铁屑，将铁屑取出来之后，我去学校医务室做了简单的消毒处理。即使有些疼痛，但在休息了一会儿之后，又继续开始了零件加工。电气装调的那次试电，也让我记忆犹新，合上按钮的那一刻，通电并非那么顺利，而是起了一点小火花。断电后我拆掉线圈重新拿着接线板回到座位查找原因，结果是，由于我对元件的不熟悉，错误地将交流接触器的常开常闭触点接反了。把电路改好重新连接好后，我鼓起勇气再次走到试电台，合上按钮，电机正常运转。这次，我成功了。我想起曾经看到过的一句话，“成功是失败走剩下的路”，因为经历过多次的失败、改进，才会离成功更近一步。

四、素养训练让我脱颖而出

很多人问我，为什么你能在技能抽查中获得专家、评委的赞赏？我想应该是领导们看中了我操作中体现的职业素养。2015 年 11 月 1 日的技能抽查中，我被随机抽中了车工项目。尽管非常紧张，也没有忘记平时操作的步骤，我小心地按照图纸上零件的每一个尺寸车削着零件。在操作的过程中，因为体力有限，夹紧工件的时候都是举手请监考的老师帮忙，在每一次老师给我帮助以后我都会笑着对老师说一声谢谢。时间一点点流逝，我的工件也加工完成了，意外的是，我竟然是考场中第一个完成任务的。我把加工好的工件交给了现场的评委，评委们进行了认真仔细的检查和测量，然后非常惊讶地问我：“你是哪个学校的？”“你们平时是怎么训练的?”等一些问题，对我的职业技能和职业素养给予了充分的肯定和赞赏。随后，我回到工位上认真打扫车床，将工、量具等收拾好后放到了指定的地方。最后，我给所有的监考老师行了一个鞠躬礼，“谢谢各位专家老师的帮助”，结果却更意外地受到了专家的肯定和表扬。这一切得益于长期“在职业过程中学雷锋”的素质训练。比如吃苦耐劳、团队合作、放物有序，整洁干净。雷锋是怎样做的，我们也应该怎样做，学校把我们按照雷锋式职业人的素质标准来培养。

总之，我自豪但并不骄傲。我的成绩离不开平日里老师对我们职业习惯的教导，离不开平时系统周密的实训练习，离不开辅导员和陪训同学的悉心关怀和帮助，离不开系部领导和家人的鼓励和支持。我不敢自满，我只是满心的感恩，感恩雷锋，感恩母校，感恩老师，感恩同学，感恩父母。

长沙职业技术学院机械工程系　曹婷

2015 年 12 月 16 日

后 记

雷锋精神“源于湖南，成于辽宁”。雷锋出生于湖南长沙望城县，小学后在望城县当上“公务员”、“技术农民”，在辽阳鞍钢当上了“技术工人”，在抚顺军营当上了“技术军人”。在这两省三地，雷锋完成了他六年的职业生涯，由一名孤儿成长为抚顺市人大代表，也成了“干一行爱一行，钻一行精一行”具有“钉子”般钻研创新精神和“螺丝钉”般爱岗敬业精神的优秀职业人代表。

长沙职业技术学院地处雷锋故乡雷锋镇，2013 年 3 月，在毛主席题词“向雷锋同志学习”50 周年之际，率先在职教界提出了培养“雷锋式职业人”的教育理念，在全院学生中全面推行“雷锋式职业人素质训练工程”，在人才培养质量上取得了显著成效。2014 年至 2016 年，长沙职业技术学院先后与抚顺职业技术学院、辽阳职业技术学院、浙江商业职业技术学院等六所兄弟院校签订了共建雷锋式职业人培养基地的合作协议，形成了最早的“雷锋式职业人教育联盟”。

2014 年，长沙职业技术学院成立了“雷锋职业精神研究基地”，通过开展系列研究为实践育人提供理论支撑。三年来先后承担省级课题和项目 8 个，全面构建了“雷锋式职业人”的职业品质内容体系和培育模式，创新了高校育人方法与途径，提高了高职学生的职业道德素质，促进了雷锋精神职业化的进程，彰显了雷锋精神的时代意义。“雷锋式职业人”培育理念多次在全国性思想政治教育会议上推广，得到了社会各界的高度肯定和大力支持，在此一并表示感谢。

本书是“雷锋精神职业化研究”系列丛书之一，长沙职业技术学院院长张红专教授亲任“雷锋精神职业化研究系列丛书”主编。全套丛书由长沙职业技术学院主持的长沙市社科重大课题“雷锋精神职业化研究”（课题编号 2015CSZD03）、湖南省大学生思想政治教育示范建设项目“高职雷锋式职业人素质训练工程”（项目编号：14SF17）、湖南省教育科学“十二五”规划课题“大学生生命意义感现状与教育对策研究”和“雷锋精神融入高职学生职业精神培育研究”（课题编号：XJK014BZY042）的课题（项目）组成员撰写而成，本书是上述系列课题（项目）的研究成果。

在本书撰写过程中，长沙职业技术学院院长张红专教授全过程进行指导和审定；罗慧玲副教授负责本书的框架策划，并具体组织各章节的撰写和修改工作。各章节的具体撰写人员如下：绪论、附录、后记（罗慧玲）；第一章（罗慧玲、胡慧敏）；第二章（佘跃柱、罗慧玲）；第三章（罗慧玲、李吉珊）；第四章（罗慧玲、黄策先）；第五章（罗慧玲、赵本纲）；第六章（黄锦玲、罗慧玲）。

同时，感谢“长江学者”、中南大学李建华教授的精心指导，感谢湖南省社科联、湖南省教育工委宣传部、长沙市委宣传部等领导专家指导和支持。由于时间仓促，大量文稿内容还有待修正完善，不妥之处，敬请批评指正。

雷锋精神职业化研究课题组

2016 年 6 月 20 日